Das Insider-Dossier:
Brainteaser im Bewerbungsgespräch
Die 120 häufigsten Aufgaben gelöst

Das Insider-Dossier:
Brainteaser im Bewerbungsgespräch
Die 120 häufigsten Aufgaben gelöst

2. überarbeitete und erweiterte Auflage (2007)

squeaker.net GmbH

http://www.squeaker.net
kontakt@squeaker.net

Verlag:	squeaker.net GmbH
Herausgeber:	Stefan Menden
Redaktion:	Michael Hoi, Maya Lischke, Stefan Menden, Jonas Seyfferth
Titelgrafik:	Alexander Hahn
Bestellung:	Über den Fachbuchhandel oder versandkostenfrei unter → www.squeaker.net/insider.
Preis:	€ 19,90
ISBN:	978-3-940345-01-1

Inhaltsverzeichnis

Einleitung

Wir gratulieren Ihnen zum Erwerb des Buches „Das Insider-Dossier: Brainteaser im Bewerbungsgespräch - Die 120 häufigsten Aufgaben gelöst". Egal ob Sie das Buch zur Vorbereitung auf eine Bewerbung oder als intellektuelle Herausforderung gekauft haben – in den folgenden Kapiteln werden Ihnen die beliebtesten Brainteaser der führenden Unternehmen vorgestellt.

Wir wollen Ihnen mit diesem Buch eine Orientierungshilfe liefern, wie Sie Brainteaser erfolgreich lösen können. Dieses Buch ist aber mehr als ein Ratgeber für Bewerber: Sie werden sehen, dass es richtig Spaß machen kann, sich mit kniffligen Denkfragen zu beschäftigen und das Gehirn mit verzwickten Fällen zu trainieren, auch wenn ein Vorstellungsgespräch nicht unmittelbar bevorsteht.

Die Aufgaben in diesem Buch stammen größtenteils aus aktuellen Bewerbungsgesprächen aus 2006 und 2007. Einige wurden im Forum der Karriere-Community squeaker.net bereits diskutiert. Andere Aufgaben haben wir bei Unternehmen und Bewerbern recherchiert und selbst einen Lösungsvorschlag entworfen. In der vorliegenden zweiten Auflage des Buches haben wir 20 neue Brainteaser aus den vergangenen zwei Jahren aufgenommen. Hierdurch besitzen Sie garantiert die aktuellste und ausführlichste Sammlung von Brainteaser-Aufgaben, die es derzeit gibt.

Nur durch die vielen Beiträge und Diskussionen über Aufgaben aus Bewerbungsgesprächen in den Foren der Karriere-Community squeaker.net können wir diese Aktualität gewährleisten. An der Häufigkeit der Forenbeiträge erkennt man auch, dass Brainteaser nach wie vor Teil des

Bewerbungsgesprächs sein können und insbesondere bei einigen Banken, Unternehmensberatungen und in der IT zum Standard gehören.

Wenn Sie noch weitere Brainteaser oder einen alternativen Lösungsweg kennen, laden wir Sie ein, mit uns zusammen diese Aufgaben in der Community zu diskutieren: → www.squeaker.net.

Wir wünschen Ihnen viel Spaß und Erfolg mit diesem Buch!

Michael Hoi, Maya Lischke, Stefan Menden, Jonas Seyfferth

Weitere Insider-Tipps:

Aufbauend auf den Insider-Erfahrungen der squeaker.net-Community und Experten-Autoren, bietet squeaker.net weitere Bücher zur Vorbereitung auf Bewerbungsverfahren. Unter → www.squeaker.net/insider finden Sie marktführende Guides zur Bewerbung bei den rennomiertesten

- Unternehmensberatungen
- Investmentbanken
- Konsumgüterunternehmen
- Wirtschaftsprüfern (ab Mitte 2007)
- Automobilunternehmen (ab Mitte 2007)

Darüber hinaus bieten wir E-Books für die Suche nach Praktika in

- China
- Indien
- Singapur

Was ist ein Brainteaser?

Brainteaser sind Logikaufgaben, die meistens in Form einer kleinen Geschichte Ihre Fähigkeit zum analytischen, eigenständigen und logischen Denken testen. Brainteaser fordern Sie, Ihre Problemlösungsfähigkeit auf einen unbekannten, nicht alltäglichen oder sogar fantastischen Sachverhalt anzuwenden. In vielerlei Hinsicht sind Brainteaser wie Textaufgaben aus dem Mathe-Unterricht in der Schule: Sie wenden Ihr Alltagswissen und Ihre logischen Fähigkeiten an, um eine abstrakte Aufgabe zu lösen.

Brainteaser könnte man mit „Gehirn-Herausforderer" oder sogar „Gehirn-Ärgerer" übersetzen. Aus ihrer Eigenschaft, intuitiv entweder falsch oder gar nicht lösbar zu sein, aber auf jeden Fall eine logische Lösung zu haben, resultiert die Begeisterung und der Spaß an der intellektuellen Herausforderung. Ist man von einem Brainteaser erst einmal gefesselt, muss man die Lösung einfach herausfinden.

Warum verwenden Unternehmen Brainteaser?

Brainteaser werden häufig bei bestimmten Unternehmen als Fragen im Bewerbungsgespräch verwendet. Versuchen Sie selbst, Ihre Bekannten beim Lösen eines Brainteasers zu beobachten. Sie werden schnell unterschiedliche Fähigkeiten, Motivationen und Herangehensweisen feststellen können. Genauso verfahren Personaler im Bewerbungsgespräch. Sie wollen sehen, wie Sie mit einer schwierigen Aufgabe umgehen, ob Sie sie strukturieren können und analytisch bei der Lösung vorgehen.

Gleichzeitig können Unternehmen dadurch auch sehen, wie ein Bewerber unter Stress mit einer schwierigen, nicht alltäglichen Situation umgeht. Dabei erfährt der Interviewer auch, ob sich ein Bewerber gut ausdrücken kann und ob er Probleme nicht nur erkennen, strukturieren und lösen kann, sondern ob er die Lösung auch verständlich darstellen kann. Nicht zuletzt kann ein Brainteaser auch Aufschluss darüber geben, wie sich ein Kandidat verhält, wenn er nicht auf Anhieb die Lösung eines Problems präsentieren kann.

Brainteaser können auch als eine Art Ersatz für Intelligenztests dienen, da letztere in Deutschland nur eingeschränkt zulässig sind. So bieten Brainteaser den Unternehmen eine Möglichkeit, die „geistigen Fähigkeiten" von Bewerbern zu testen. Natürlich kann man darüber diskutieren, ob Brainteaser hierfür ein geeignetes Mittel sind.

Brainteaser haben für die Unternehmen den Vorteil, dass sie mit diesen nicht nur die allgemeine Intelligenz der Kandidaten testen können. Vielmehr können Brainteaser darüber hinaus aufzeigen, ob ein Bewerber tatsächlich auch in der Lage ist, ein konkretes Problem zu lösen und eine Aufgabe zu bewältigen. Im Vordergrund stehen dabei die allgemeinen Problemlösungsfähigkeiten und nicht so sehr spezielle Qualifikationen, die in einem bestimmten Job benötigt werden.

Bei welchen Unternehmen erwarten mich Brainteaser?

Gewöhnlich erwarten Sie Brainteaser des hier vorgestellten Schwierigkeitsgrades in Positionen für akademisch ausgebildete Nachwuchskräfte. Am häufigsten finden Brainteaser bei Investment-Banken Anwendung. Außerdem begegnen Brainteaser vielen Bewerbern bei Interview-Runden in Unternehmensberatungen. Schließlich können Sie Brainteaser bei jeder Position erwarten, die eigenständige analytische Arbeit von Ihnen verlangt. Sie können vereinzelt im Marketing, im IT-Bereich oder in der Logistik genauso vorkommen wie im Controlling oder Finanzwesen. Außerdem haben wir von einigen Brainteaser-Fragen im Bewerbungsverfahren bei privaten Hochschulen und MBA-Programmen gehört.

Je nach dem, für was für einen Job Sie sich bewerben, werden die Unternehmen teilweise auch fachliche Qualifikationen voraussetzen, ohne die Sie die Ihnen gestellten Brainteaser nicht lösen können. Als Betriebswirt sollten Sie schon wissen, wie man Umsatz und Gewinn berechnet. Wenn Sie sich dagegen auf eine Stelle als Programmierer bewerben, wird man von Ihnen auch ein tieferes mathematisches Verständnis erwarten.

Selbst einige Unternehmensberatungen oder Banken setzen prinzipiell keine Brainteaser ein. Seien Sie nicht enttäuscht, wenn Sie in Ihren Bewerbungsrunden keine Brainteasern begegnen. In den wenigsten Fällen wird der Brainteaser einen großen Anteil am Bewerbungsverfahren haben – aber wer mit einer sauberen Lösung brillieren kann, hat der Konkurrenz gegenüber einen großen Vorsprung.

Wie gehe ich Brainteaser am besten an?

Brainteaser fordern unterschiedliche Fähigkeiten vom Bewerber. Die Unternehmen wollen mit solchen Aufgaben Ihr mathematisches Verständnis, Ihr logisches Denkvermögen, Ihre Kreativität und Ihre Fähigkeit, eingefahrene Denkstrukturen zu verlassen, testen. Die meisten Brainteaser lassen sich ohne spezielles Fachwissen lösen. Nur selten müssen Sie mathematische Formeln parat haben oder naturwissenschaftliche Gesetzmäßigkeiten, die Ihr Alltagsverständnis übersteigen, kennen. Den richtigen Lösungsansatz zu finden, können Sie aber dennoch gut üben.

Die Fähigkeit, um die Ecke zu denken („out-of-the-box"-Denken), ist bei den meisten Brainteasern gefragt. In den seltensten Fällen erschließt sich die Lösung auf den ersten Blick. Und wenn doch, dann ist die nahe liegende Lösung in der Regel falsch! Je offensichtlicher eine Antwort ist, desto höher ist die Wahrscheinlichkeit, dass diese falsch ist. Ein kleiner

„Trick" ist fast immer im Aufgabentext versteckt. Im Bewerbungsgespräch können Sie zunächst dennoch die offensichtliche Antwort nennen, allerdings nicht ohne zu erwähnen, dass diese möglicherweise falsch ist. Fangen Sie dann an, zu überlegen, warum die nahe liegende Antwort falsch ist und gehen Sie das Problem strukturiert an.

Oftmals wird der Bewerber bei Brainteasern im Aufgabentext mit Informationen überhäuft, die sich bei genauerem Hinsehen als überflüssig erweisen. Umgekehrt ist der entscheidende Hinweis häufig in einem scheinbar unwichtigen Nebensatz oder gar nur einem einzigen Wort verborgen. Manchmal liegt die Schwierigkeit auch darin, dass man unbewusst eine Information in den Aufgabentext hinein interpretiert, weil sie offenbar so nahe liegend ist, die aber in Wirklichkeit so in der Aufgabe gar nicht gegeben ist. Daher ist es ganz besonders wichtig, sich den Brainteaser wirklich genau anzusehen bzw. ganz genau zuzuhören und jedes Wort auf Informationsgehalt und Relevanz hin zu überprüfen.

Wichtig ist nicht nur, den Text des Brainteasers immer genau zu lesen, sondern auch, die eigene Lösung stets zu überprüfen. Wenn Sie eine Aufgabe mathematisch gelöst haben, dann sollten Sie noch einmal nachrechnen, ob die Bedingungen der Aufgabe erfüllt sind und ob das Ergebnis formal korrekt ist. Damit aber nicht genug: Sie sollten auch überprüfen, ob die formal korrekte Antwort auch inhaltlich sinnvoll ist, oder ob es vielleicht andere, physikalische Restriktionen gibt, die zwar in der Aufgabe nicht erwähnt sind, die aber in der Realität zweifellos gegeben sind. Sie werden später zum Beispiel noch sehen, dass man einen Hund zwar mittels mathematischer Formeln dazu bringen kann, mit Überschallgeschwindigkeit zu rennen. Praktisch kann dies jedoch nicht funktionieren.

Es gilt aber auch, dass Sie nicht zu viel am Sinn und Inhalt der Brainteaser zweifeln sollten. Die Geschichten, an denen die Aufgaben aufgehängt sind, klingen oftmals ziemlich absurd. Lassen Sie sich nicht irritieren, wenn Rentiere plötzlich fliegen können, sondern nehmen Sie dies als gegeben hin, wenn es aus der Aufgabe so hervorgeht. Und: Kreative Lösungen sind oft gefragt, versuchen Sie aber nicht, Klippen zu umschiffen, indem Sie zusätzliche Annahmen treffen, die nicht in der Aufgabe stehen oder indem Sie nach Lösungsansätzen suchen, die ganz offensichtlich nicht gesucht sind.

Suchen Sie nach einer Lösung, und nicht nach Fehlern in der Aufgabenstellung! Sie haben immer alle Informationen gegeben, die Sie zur Beantwortung einer Frage benötigen.

Viele Brainteaser erscheinen auf den ersten und oft auch auf den zweiten Blick unlösbar. Oftmals wird der Bewerber zusätzlich durch eine Fragestellung irritiert, die offen lässt, ob es eine Lösung gibt oder nicht. Sie sollten auch bei diesen Brainteasern unbedingt davon ausgehen, dass es eine Lösung gibt, denn in nahezu allen Fällen ist dies tatsächlich der Fall. Wenn Sie glauben, dass es wirklich keine Lösung gibt, dann müssen Sie dies natürlich begründen können. Werfen Sie auch bei offenen Fragen nie sofort die Flinte ins Korn, sondern versuchen Sie, den Brainteaser zu lösen. Bedienen Sie sich dabei der Lösungsstrategien, die wir Ihnen in den folgenden Kapiteln näher bringen.

Wenn Ihnen für die Beantwortung eines Brainteasers mehrere Lösungen in den Sinn kommen, dann verfolgen Sie zunächst den einfacheren Weg. Meistens sind die Lösungen nicht so kompliziert, wie es vielleicht auf den ersten Blick den Anschein hat. Bevor Sie umfassende mathematische Berechnungen anstellen, sollten Sie zunächst immer noch einmal nachdenken, ob es vielleicht einen anderen, einfacheren Lösungsansatz gibt. Auch der Interviewer wird die einfache Antwort bevorzugen.

Versuchen Sie, die Aufgaben in diesem Buch zunächst selbständig zu lösen und schauen Sie nicht gleich auf unseren Lösungsvorschlag, auch wenn Sie bei einem Brainteaser nicht sofort weiterkommen. Entscheidend für die Lösung von Brainteasern sind das Durchhaltevermögen und der Wille, sich mit komplexen Problemen zu beschäftigen. Sehen Sie sich unseren Lösungsvorschlag am besten erst an, wenn Sie selbst zu einem Ergebnis gefunden haben.

Wie löse ich einen Brainteaser im Bewerbungsgespräch?

Im Bewerbungsgespräch zählt die richtige Lösung des Brainteasers nicht halb soviel wie die Art, mit der Sie an die Bearbeitung herangehen. Der Personaler oder Interviewer möchte sehen, dass Sie strukturiert an Probleme herangehen, nicht den Mut verlieren und komplexe Fragestellungen durchdenken können. Verinnerlichen Sie die folgenden Tipps und Sie sind schon auf halbem Wege zur Lösung einer scheinbar unlösbaren Aufgabe:

Hören Sie bei der Aufgabenstellung genau zu und machen Sie sich Notizen. Fragen Sie bei Unklarheiten direkt nach. Wenn Sie die Aufgabenstellung verstanden haben, geben Sie die wesentlichen Punkte laut wieder und achten Sie auf die Reaktion des Interviewers. Nehmen Sie sich eine Minute Zeit zum Nachdenken. Niemand erwartet, dass sie nach ein paar Augenblicken schon eine richtige Antwort präsentieren. Im Gegenteil, Sie sollen über einen Brainteaser nachdenken. Also tun Sie das auch! Überlegen Sie sich, welche Einflussfaktoren auf die Problemstellung wirken können und stellen Sie kluge Fragen. Zeigen Sie dabei, dass Sie strukturiert vorgehen und nicht von einem Punkt zum nächsten springen. Gliedern Sie das Problem in Unterprobleme. Stellen Sie dann Hypothesen auf und testen Sie, ob diese zur Lösung der Aufgabe beitragen. Denken Sie einen Lösungsansatz bis zum Ende durch. Wenn er sich als falsch erweist, suchen Sie nach einem anderen Lösungsweg.

Das Wichtigste in dem gesamten Prozess ist, dass Sie Ihre Gedankenschritte und Zwischenergebnisse laut wiedergeben, so dass der Personaler sieht, wie Sie denken. Es bringt Ihnen gar nichts, wenn Sie sich für zehn Minuten zurückziehen und dann plötzlich die Lösung präsentieren. Betrachten Sie die Arbeit an dem Brainteaser als Interaktion zwischen Ihnen und dem Interviewer. Behalten Sie entsprechend Ihre aufrechte Körperhaltung und formulieren Sie klar und verständlich. Lassen Sie sich durch den vermeintlichen Druck nicht nervös machen. Am Ende fassen Sie die wichtigsten Schritte zusammen und präsentieren Ihre Lösung.

Es gibt viel Literatur mit allgemeinen Tipps zum Verhalten im Bewerbungsgespräch. Beachten Sie hierzu unsere Empfehlungen: → www.squeaker.net/buchtipps. Darüber hinaus hat squeaker.net Bücher über das spezifische Bewerbungsverfahren einiger ausgewählter Branchen herausgegeben:

Unternehmensberatungen:
„Das Insider-Dossier: Bewerbung bei Unternehmensberatungen"

Investmentbanken:
„Das Insider-Dossier: Bewerbung bei Investmentbanken"

Konsumgüterindustrie:
„Das Insider-Dossier: Bewerbung in der Konsumgüterindustrie"

Automobilindustrie:
„Das Insider-Dossier: Bewerbung in der Automobilindustrie"

Diese und weitere squeaker.net-Bücher sind am schnellsten unter → www.squeaker.net/insider erhältlich. Alternativ können sie auch im Buchhandel bezogen werden. Außerdem bietet squeaker.net darüber hinaus Ebooks für Praktika in China, Indien und Singapur an.

Golden Rules bei der Aufgabenlösung

Die zehn wichtigsten Tipps zur Lösung von Brainteasern im Bewerbungsgespräch:

1. Lassen Sie sich niemals von der scheinbaren Komplexität der Aufgabe erdrücken. Jeder Brainteaser ist lösbar - denken Sie immer daran!
2. Filtern Sie die wesentlichen Informationen aus der Aufgabenstellung heraus und lassen Sie sich nicht von Nebensächlichkeiten ablenken.
3. Wenn Sie etwas nicht verstanden haben, dann fragen Sie nach.
4. Betrachten Sie den Brainteaser analytisch und benutzen Sie Ihren gesunden Menschenverstand.
5. Stellen Sie sich das Problem bildlich vor.
6. Gehen Sie bei der Lösung schrittweise vor, dokumentieren Sie Zwischenergebnisse und teilen Sie diese dem Interviewer mit.
7. Wenn Sie keinen Lösungsansatz finden, versuchen Sie in möglichst kleinen Schritten, Annahmen zu überprüfen und daraus Hypothesen zu bilden.
8. Nichts ist schlimmer, als zu früh aufzugeben. Wenn Sie trotz eines Ansatzes nicht zur Lösung kommen, versuchen Sie das Problem anders anzugehen.
9. Lösen Sie Brainteaser mit Spaß an der intellektuellen Herausforderung - nicht als Pflichtaufgabe.
10. Wenn Sie einen Brainteaser schon kennen, lassen Sie sich einen neuen geben.

In den folgenden Kapiteln haben wir Brainteaser in verschiedenen Kategorien zusammengefasst, je nachdem, welche Fähigkeiten gefordert sind und mit welchen Lösungsstrategien Sie erfolgreich ans Ziel gelangen. Dabei kann die Zuordnung der Aufgaben zu den einzelnen Kapiteln nicht immer trennscharf sein, da sich zahlreiche Brainteaser auf verschiedene Arten lösen lassen. Viele Brainteaser können zum Beispiel mit einem formalen mathematischen Ansatz gelöst werden, erschließen sich aber oft auch verbal durch logisches Nachdenken oder können mit der Methode von Versuch und Irrtum („trial-and-error") in Angriff genommen werden. „Out-of-the-box" zu denken, ist prinzipiell bei fast jedem Brainteaser erforderlich. Manchmal ist es nur die Voraussetzung, um einen Lösungsansatz zu erkennen, manchmal hat man durch Erkennen eines „Kniffs" aber auch schon die Lösung gefunden.

Im Anschluss an die nächsten Kapitel finden Sie weitere Brainteaser, die nicht kategorisiert sind und die Sie selbständig bearbeiten sollten. Die Lösungen finden Sie skizziert am Ende des Buches. Viel Spaß damit!

Kapitel 1: Mathematisches Denken

Auch wenn es auf den ersten Blick nicht danach aussieht, steckt hinter vielen Brainteasern nichts anderes als eine einfache Rechenaufgabe. Die meisten Aufgaben lassen sich mit mathematischen Grundkenntnissen lösen und erfordern keine Fähigkeiten in höherer Mathematik. Lassen Sie sich nicht entmutigen, wenn in einem Brainteaser nach Geschwindigkeiten, Winkeln oder Wahrscheinlichkeiten gefragt wird, auch wenn Sie mit der Mathematik auf dem Kriegsfuß stehen.

Immer wenn in einer Aufgabe direkt nach einer Zahlengröße, beispielsweise nach einer Geschwindigkeit, einer Streckenlänge, einer Uhrzeit oder einer Anzahl von Personen gefragt wird, ist dies ein Hinweis darauf, dass Sie durch das Aufstellen einer oder mehrerer Gleichungen zu einer Lösung gelangen können. Gleichzeitig müssen Sie bedenken, dass Brainteaser kein Mathetest sind und nicht dazu da sind, fortgeschrittene Mathematikkenntnisse abzuprüfen. Wenn Ihnen eine Aufgabe unlösbar erscheint, oder wenn Sie glauben, dass Sie eine Frage nicht ohne Taschenrechner beantworten können, dann gibt es in der Regel einen anderen Schlüssel zur Lösung. Denken Sie „out-of-the-box", und Sie werden sehen, dass es meist einen Lösungsweg gibt, der ganz einfach zu rechnen ist. Sie müssen außerdem unbedingt davon ausgehen, dass in der Fragestellung alle Informationen enthalten sind, die Sie zur Lösung benötigen. Wenn Sie zu dem Schluss kommen, dass ein Brainteaser mit den gegebenen Informationen nicht lösbar ist, dann haben Sie mit Sicherheit wichtige Informationen übersehen. Die Schwierigkeit besteht häufig darin, die relevanten Informationen aus dem Aufgabentext herauszufiltern, sie vom Kontext der Aufgabe zu lösen und sinnvoll in einem Gleichungssystem zu verknüpfen. Hierzu ein einfaches und anschauliches Beispiel:

1. Der Wachtmeister und die Uhrzeit

„Einen wunderschönen guten Morgen, Herr Wachtmeister", sagte Herr Schmidt. „Können Sie mir wohl sagen, wie spät es ist?" „Durchaus", erwiderte Wachtmeister Müller. „Wenn Sie einfach ein Viertel der Zeit seit Mitternacht bis jetzt zur halben Zeit von jetzt bis Mitternacht hinzufügen, dann haben Sie die genaue Uhrzeit."

Machen Sie sich kurz Gedanken, wie die Lösung aussehen könnte. Die Aufgabenstellung klingt verwirrend, aber Wachtmeister Müller liefert Ihnen tatsächlich alle Informationen, die Sie zur Lösung dieses Brainteasers benötigen. Der Wachtmeister drückt die gesuchte Uhrzeit durch eine Gleichung aus, die Sie „nur noch" in eine mathematische Form bringen müssen, um die Lösung zu erhalten. Dazu müssen Sie sich klarmachen, was die Ausdrücke „die Zeit von Mitternacht bis jetzt" und „die Zeit von jetzt bis Mitternacht" bedeuten. „Die Zeit von Mitternacht bis jetzt" entspricht natürlich der gesuchten Uhrzeit. Aber auch durch „die Zeit von jetzt bis Mitternacht" lässt sich die aktuelle Uhrzeit bestimmen. Angenommen, es sind bis Mitternacht noch vier Stunden, so ist die aktuelle Uhrzeit 20 Uhr. Umgekehrt erhält man die Zeit bis Mitternacht, indem man von 24 Stunden die aktuelle Uhrzeit abzieht.

Definiert man nun x als die Anzahl der Stunden seit Mitternacht (also die aktuelle Uhrzeit) und berücksichtigt alle Informationen aus der Aufgabenstellung, so lässt sich die gesuchte Uhrzeit durch die folgende Gleichung ausdrücken:

$$x = \frac{1}{4}x + \frac{1}{2}(24 - x)$$

mit x = Anzahl der Stunden seit Mitternacht

Diese Gleichung entspricht genau dem, was Wachtmeister Müller Herrn Schmidt als Rätsel aufgegeben hat. Die genaue Uhrzeit herauszufinden, ist nun nicht mehr schwer. Man muss nur noch die Gleichung nach x auflösen und erhält als Lösung:

$$x = 9{,}6$$

Vorsicht aber bei der Interpretation dieses Ergebnisses: $x = 9{,}6$ bedeutet natürlich nicht, dass es 9:06 Uhr ist, sondern es ist 9,6 Stunden nach Mitternacht. Und 0,6 Stunden entsprechen 36 Minuten (60 Minuten multipliziert mit 0,6). Herr Schmidt weiß jetzt genau, wie spät es ist: Es ist 9:36 Uhr.

Dieses Beispiel veranschaulicht gut, worauf es bei der Lösung solcher mathematischer Brainteaser ankommt. Zunächst müssen Sie natürlich erkennen, dass sich das Problem mathematisch lösen lässt. Da in der Aufgabe nach einer konkreten Zahl, in diesem Fall einer Uhrzeit, gefragt ist, sollte das hier nicht schwer sein. In einem zweiten Schritt gilt es dann, aus dem Aufgabentext die relevanten Informationen herauszufiltern und in eine mathematische Form zu bringen. Wenn man diesen Schritt einmal geschafft hat, ist es bis zur Lösung nicht mehr weit. Durch einfaches Auflösen der Gleichung oder – wie im nächsten Brainteaser – des Gleichungssystems erhält man die gesuchte Lösung.

2. Ausflug im Pferdewagen

Zu einem Fest auf dem Land fahren mehrere Pferdewagen mit der jeweils gleichen Anzahl an Personen. Auf halbem Weg fallen zehn Wagen aus, so dass jeder der übrigen Wagen eine weitere Person aufnehmen muss. Vor Antritt des Rückweges fallen weitere 15 Wagen aus, was zur Folge hat, dass in jedem Wagen drei

Personen mehr sind als bei der Abfahrt am Morgen. Wie viele Personen nahmen an dem Fest teil?

In diesem Fall gibt es in der Aufgabenstellung zwei unbekannte Größen, die ermittelt werden müssen. Auch wenn hier nur nach der Anzahl der Personen gefragt wird, so muss man auch die Zahl der Pferdewagen ermitteln, die am Morgen zu dem Fest aufgebrochen sind. Um zwei unbekannte Größen bestimmen zu können, benötigt man ein Gleichungssystem mit zwei Gleichungen. Diese beiden Gleichungen sind auch hier wieder im Aufgabentext „versteckt". Der Text liefert Ihnen Informationen darüber, wie sich die Zahl der Personen auf den Wagen im Vergleich zur Abfahrt am Morgen verändert, wenn sich die Zahl der Wagen verändert. Zusätzlich wissen Sie, dass auf jedem Wagen gleich viele Menschen sitzen. Jetzt sollte es Ihnen nicht mehr schwer fallen, die Gleichungen aufzustellen. Versuchen Sie die Aufgabe selbständig zu lösen, bevor Sie sich das Ergebnis anschauen.

Definieren Sie zuerst:

x: Ursprüngliche Anzahl der Wagen
y: Anzahl der Personen

Ansatz für das Gleichungssystem:

$$\text{I:}\quad \frac{y}{x} + 1 = \frac{y}{(x-10)}$$

$$\text{II:}\quad \frac{y}{x} + 3 = \frac{y}{(x-25)}$$

Lösung:

x = 100
y = 900

Die erste Gleichung (I) drückt mathematisch aus, was passiert, wenn zehn Wagen ausfallen: Die Zahl der Personen pro Wagen nach dem Ausfall (rechte Seite der Gleichung) ist um eins höher als die Zahl der Personen pro Wagen beim Start (linke Seite der Gleichung). Entsprechendes gilt für Gleichung (II), wenn weitere 15 Wagen – und damit im Vergleich zum Beginn der Tour insgesamt 25 Wagen – ausfallen.

Das Ergebnis erhält man, indem man eine der beiden Gleichungen nach x oder y auflöst und in die andere Gleichung einsetzt. Als Lösung ergibt sich, dass 900 Gäste an dem Fest teilgenommen haben. Sie haben sich am Morgen mit 100 Pferdewagen auf den Weg gemacht.

Nach dem gleichen Schema können Sie diesen Brainteaser lösen:

3. Familienmitglieder

In einer Familie hat jeder Sohn gleich viele Schwestern und Brüder. Jede Tochter hat aber doppelt so viele Brüder wie Schwestern. Wie viele Söhne und Töchter hat die Familie?

Hier ist direkt nach zwei Zahlen gefragt, die Sie leicht berechnen können, indem Sie die Informationen aus dem Text in ein Gleichungssystem umsetzen. Entscheidend ist, dass man nicht Söhne und Brüder, sowie Töchter und Schwestern durcheinander bringt. Aus der Sicht einer Tochter ist die Zahl der Brüder gleich der Zahl der Söhne der Familie insgesamt. Aber aufgepasst: Aus der Sicht eines Sohnes ist die Zahl der Brüder um eins geringer als die Zahl der Söhne in der Familie. Dies gilt entsprechend, wenn eine Tochter von ihren Schwestern spricht. Beachtet man diese Zusammenhänge, so fällt es nicht mehr schwer, die Informationen aus der Aufgabenstellung in einem Gleichungssystem auszudrücken:

$$\text{I:} \quad (Söhne - 1) = Töchter$$

$$\text{II:} \quad 2 \times (Töchter - 1) = Söhne$$

Durch Auflösen ergibt sich, dass die Familie drei Töchter und vier Söhne hat. Diese Aufgabe liefert ein gutes Beispiel dafür, worauf es bei der Lösung der Brainteaser, die Ihr mathematisches Denkvermögen fordern, ankommt: Wichtig ist, dass Sie sich Zeit nehmen, die Hinweise aus dem Aufgabentext zu analysieren, um sie in die korrekte mathematische Form bringen zu können. Wenn Ihnen dieser Schritt gelingt, dann ist die Lösung in den meisten Fällen geradezu trivial.

Was aber tun, wenn es Ihnen einmal nicht gelingt, die Angaben aus dem Brainteaser zu entschlüsseln und in ein Gleichungssystem zu überführen? Dann hilft nur eines: Ausprobieren! Das funktioniert zwar nicht immer, aber oftmals können Sie auf diesem Weg auch zur richtigen Lösung kommen. Manchmal sogar schneller, als wenn Sie sich die Mühe machen, das Problem mathematisch auszuformulieren. Nehmen wir als Beispiel die letzte Aufgabe: Der Aufgabentext liefert Ihnen die Information, dass jeder Sohn gleich viele Brüder und Schwestern hat. Sie wissen also, dass die Zahl der Söhne die Zahl der Töchter um eins übersteigt. Außerdem ergibt sich aus dem zweiten Teil der Aufgabenstellung, dass die Familie mindestens zwei Töchter haben muss; andernfalls hätte eine Tochter keine Schwestern und somit auch keine Brüder und es gäbe keine Kinder. Die Familie kann zum Beispiel drei Söhne und zwei Töchter oder vier Söhne und drei Töchter haben. Angenommen, die Familie hätte nur zwei Töchter, dann hätte eine Tochter eine Schwester und drei Brüder. Da eine Tochter aber laut Aufgabentext doppelt so viele Brüder wie Schwestern hat, kann dies nicht das richtige Ergebnis sein. Bei vier Brüdern und drei Schwestern sind dagegen beide Bedingungen erfüllt.

Auch bei anderen Brainteasern, die Ihr mathematisches Denkvermögen herausfordern, bietet es sich manchmal an, auf komplizierte Gleichungen zu verzichten und stattdessen die Informationen verbal zu verarbeiten und sukzessive zur Lösung vorzudringen. Dies sollte Ihnen auch anhand der folgenden beiden Aufgaben deutlich werden.

4. Der Hirtenkäse

Zwei Hirten machen auf einer Wiese Rast. Der eine Hirte hat fünf Stücke Käse bei sich, der andere drei Stücke. Da kommt ein Wanderer vorbei und fragt, ob er mit ihnen zusammen den Käse essen darf. Die beiden sind einverstanden. Bei der gemeinsamen Mahlzeit essen alle drei Personen gleich viel Käse. Nach dem Essen steht der Wanderer auf und bezahlt acht Euro als Entschädigung für den Käse. Wie muss dieser Betrag unter den beiden Hirten aufgeteilt werden, damit ihr Beitrag gerecht berücksichtigt wird?

Wer hier anfängt, ein Gleichungssystem aufzustellen, der wird zwar auch zum Ziel kommen, macht sich aber das Leben unnötig schwer. Schneller und sicherer kommen Sie bei diesem Brainteaser zu einer Lösung, wenn Sie verbal vorgehen: Bei acht Stück Käse und drei Personen isst jeder 8/3 Stück Käse. Der erste Hirte hat 3 Stück Käse, also 9/3, isst davon 8/3 Stück selbst und gibt 1/3 Stück an den Wanderer. Die restlichen 7/3 Stück Käse bekommt der Wanderer folglich vom zweiten Hirten. Der erste Hirte hat ein Teil zur Mahlzeit des Wanderers beigetragen, der zweite Hirte sieben Teile, also bekommt der erste Hirte einen Euro und der zweite Hirte sieben Euro.

Eine häufige Fehlerquelle bei diesem Brainteaser ist, dass man die acht Euro so auf die beiden Hirten aufteilt, dass einer fünf und der andere drei Euro bekommen. Dabei vergisst man jedoch, dass die Hirten nicht den gesamten Käse abgeben, sondern selbst auch etwas davon essen.

5. Züge im Takt

Sie fahren mit dem Fahrrad am Bahndamm entlang. Auf der Bahnstrecke verkehrt ein Linienzug, der regelmäßig zwischen zwei Städten pendelt. Alle 30 Minuten überholt Sie ein Zug von hinten, alle 20 Minuten kommt Ihnen ein Zug entgegen. In welchem Takt fahren die Züge?

Keine Ahnung? Nähern Sie sich dem Problem einmal pragmatisch: Was passiert, wenn der Radfahrer eine Stunde lang am Bahndamm entlang fährt? Er wird von zwei Zügen überholt. Wenn er anschließend mit der gleichen Geschwindigkeit direkt wieder eine Stunde lang zum Ausgangspunkt zurückfährt, kommen ihm drei Züge entgegen. Insgesamt verkehren also in eine Richtung in zwei Stunden fünf Züge. Das entspricht einem Takt von 24 Minuten. Sie können diesen Brainteaser auch lösen, indem Sie ein Gleichungssystem aufstellen. Probieren Sie es einfach einmal aus.

Um Züge geht es auch in dieser Aufgabe:

6. Die Zwillinge am Bahnhof

Die Zwillinge Andreas und Bernhard sind am Bahnhof und warten auf den Zug. Zur Verwunderung der anderen Wartenden stellen sie sich Rücken an Rücken an die Bahnsteigkante und verharren dort bewegungslos. Durch den Lautsprecher kommt eine Durchsage: „Vorsicht an Gleis Eins! Ein Güterzug fährt durch!" Aber die Zwillinge rühren sich immer noch nicht vom Fleck. Doch genau in dem Augenblick, in dem die Spitze der Lokomotive die beiden

erreicht, marschieren sie los: Andreas in Fahrtrichtung des Zuges, Bernhard entgegen der Fahrtrichtung. Gerade als das hintere Ende des Zuges auf der Höhe von Bernhard ist, bleibt dieser abrupt stehen. Einige Sekunden später, als das Zugende Andreas überholt, bleibt auch dieser stehen. Die beiden drehen sich um, sehen sich einen Moment lang an und beginnen in großen Schritten zu ihrem Ausgangspunkt zurückzukehren.

Einer der Wartenden fragt die beiden: „Hallo, was macht ihr denn da?" Bernhard antwortet: „Wir haben gemessen, wie lang der Zug ist. Ich bin 30 Meter weit gegangen und Andreas 40 Meter weit. Natürlich sind wir beide gleich schnell gegangen."

Wissen Sie wie lang der Zug ist?

Eine lange Geschichte, aber leider sind die Hinweise der Zwillinge auf die Länge des Zuges dünn gesät. Doch auch bei diesem Brainteaser gilt wieder: Nichts ist unmöglich! Versuchen Sie die Aufgabe selbständig zu lösen, bevor Sie sich unseren Lösungsvorschlag ansehen. Ein kleiner Tipp: Sie wissen nicht nur, dass Andreas 40 Meter und Bernhard 30 Meter mit der gleichen Geschwindigkeit zurückgelegt haben, sondern Sie können auch Aussagen über die Länge der Strecke machen, die der Zug währenddessen zurückgelegt hat.

Unser Lösungsvorschlag: Andreas geht in Fahrtrichtung des Zuges los, als die Spitze des Zuges auf seiner Höhe ist und er bleibt stehen, als ihn das Zugende erreicht. Während Andreas also 40 Meter zurücklegt, legt der Zug seine komplette Länge – von der Spitze der Lok bis zum Zugende – zurück und außerdem noch 40 Meter mehr, denn um diese Entfernung hat sich Andreas in Fahrtrichtung bewegt. Die entsprechende Überlegung müssen Sie auch für Bernhard anstellen. Während Bernhard – mit der gleichen Geschwindigkeit wie Andreas – entgegen der Fahrtrichtung des Zuges geht, legt dieser ebenfalls seine komplette Länge abzüglich der 30 Meter, die Bernhard ihm entgegengegangen ist, zurück. Vorausgesetzt der Zug fährt mit konstanter Geschwindigkeit, können Sie mit diesen Informationen die Länge des Zuges bestimmen.

Sicherlich wissen Sie noch, wie man allgemein Geschwindigkeiten berechnet. Wenn nicht, sollten Sie sich diese Formel unbedingt einprägen, da es in Brainteasern immer wieder um Geschwindigkeiten geht. Die Variablen sind Geschwindigkeit (v), Weg (s) und Zeit (t). Die allgemeine Formel lautet:

$$\text{Geschwindigkeit} = \frac{\text{Weg}}{\text{Zeit}} \quad \text{oder entsprechend}$$

$$v = \frac{s}{t}$$

Zur Lösung der Aufgabe werden folgende Variablen definiert:

L = Länge des Zuges

t_1 = Zeit, die Bernhard unterwegs ist

t_2 = Zeit, die Andreas unterwegs ist

Über die Geschwindigkeit des Zuges wissen wir:

$$\text{I.} \quad v = \frac{(L - 30)}{t_1}$$

$$\text{II.} \quad v = \frac{(L + 40)}{t_2}$$

Da der Zug mit konstanter Geschwindigkeit fährt, können wir beide Gleichungen gleichsetzen:

$$\frac{(L-30)}{t_1}=\frac{(L+40)}{t_2}$$

Da die Zwillinge beide gleich schnell gehen, Bernhard in der Zeit t_1 30 Meter zurücklegt und Andreas in der Zeit t_2 40 Meter, wissen wir auch:

$$t_2=\frac{4}{3}t_1$$

(Wem das nicht direkt einleuchtet, der sollte sich noch einmal die allgemeine Formel zur Berechnung von Geschwindigkeiten ansehen.) Also gilt:

$$\frac{(L-30)}{t_1}=\frac{(L+40)}{\frac{4}{3}t_1}$$

Löst man diese Gleichung auf, dann erhält man L = 240, der Zug ist also 240 Meter lang.

Sie können diesen Brainteaser alternativ auch verbal lösen: Als das Zugende Bernhard erreicht, ist Andreas gerade 30 Meter weit gegangen. Das muss so sein, da die beiden ja gleich schnell gehen. In diesem Moment sind die beiden also 60 Meter voneinander entfernt. Bis das Zugende nun Andreas erreicht, geht dieser noch weitere zehn Meter. In der Zeit, in der Andreas die letzten zehn Meter geht, legt der Zug 70 Meter zurück. Der Zug ist also sieben Mal so schnell wie die Zwillinge. Also legt der Zug, während Andreas 40 Meter weit geht, 280 Meter zurück. Die Spitze des Zuges ist in dem Moment, in dem Andreas anhält, also 280 Meter vom Ausgangspunkt entfernt. Das Zugende ist in diesem Moment aber auch schon 40 Meter vom Ausgangspunkt entfernt. Also ist der Zug 240 Meter lang.

Ob Sie diesen Brainteaser mit Hilfe eines Gleichungssystems oder verbal lösen, bleibt Ihnen überlassen. Wichtig ist vor allem, dass Sie in einem Vorstellungsgespräch Ihren Lösungsweg erläutern und mit dem Interviewer kommunizieren. Legen Sie Ihre gedanklichen Schritte offen und präsentieren Sie nicht einfach kommentarlos eine Lösung.

7. Lebensgefahr

Sie haben drei Achtel einer Brücke überquert, als Sie plötzlich das Pfeifen eines Zuges hören. Sie wissen, dass Sie höchstens mit einer Geschwindigkeit von 10 km/h laufen können. Egal in welche Richtung Sie von der Brücke laufen, Sie schaffen es gerade noch, bevor der Zug Sie erwischt. Der Zug bremst nicht ab, wenn er Sie sieht. Wie schnell fährt der Zug?

Überlegen Sie zunächst, ob der Zug von hinten oder von vorn kommen muss, damit Sie ihm in beiden Richtungen gerade noch entkommen können. Dazu brauchen Sie nichts auszurechnen. Wenn Sie sich klar gemacht haben, woher der Zug kommt, können Sie diesen Brainteaser nach einem ähnlichen Muster lösen wie die vorherige Aufgabe. Sie benötigen wiederum die Formel für die Berechnung von Geschwindigkeiten und müssen überlegen, welche Entfernungen Sie und der Zug bei beiden Fluchtvarianten zurücklegen. Sie erhalten ein Gleichungssystem aus zwei Gleichungen und können damit die Geschwindigkeit des Zuges direkt berechnen.

Lösungsansatz: Da Sie erst drei Achtel der Brücke überquert haben, muss der Zug von hinten kommen. Würde der Zug von vorne kommen, so wäre es bei konstanter Geschwindigkeit des Zuges nicht möglich, dass dieser zeitgleich mit Ihnen an beiden Enden der Brücke ankommen könnte. Das sollte einleuchtend sein. Nun können Sie den Brainteaser mit Hilfe eines Gleichungssystems lösen:

Wir definieren folgende Variablen:

s_b = Länge der Brücke

s_z = Weg des Zuges bis zur Brücke

v_z = Geschwindigkeit des Zuges

Wenn Sie dem Zug die kürzere Strecke entgegen laufen, brauchen Sie bei einer Geschwindigkeit von 10 km/h für drei Achtel der Brücke genau so lange wie der Zug bis zur Brücke braucht. Es muss also gelten:

$$\text{(I)} \quad \frac{\frac{3}{8}s_b}{10} = \frac{s_z}{v_z}$$

Wenn Sie den längeren Weg vor dem Zug weglaufen, muss entsprechend gelten:

$$\text{(II)} \quad \frac{\frac{5}{8}s_b}{10} = \frac{s_z + s_b}{v_z}$$

Durch Umformen und Einsetzen erhält man das Ergebnis: Der Zug fährt mit einer Geschwindigkeit von 40 km/h. Man kann diesen Brainteaser übrigens auch durch diese logische Überlegung lösen: Wenn Sie dem Zug entgegen laufen, legen Sie 3/8 der Brückenlänge zurück, bis der Zug auf diese auffährt. Wären Sie in die andere Richtung gelaufen, wären Sie bei 6/8 der Länge der Brücke angekommen, wenn der Zug auf die Brücke fährt. Bis der Zug ganz über die Brücke gefahren ist, laufen Sie noch 2/8 der Länge der Brücke. Der Zug muss also in der gleichen Zeit die vierfache Strecke wie Sie zurücklegen und damit muss er viermal so schnell sein wie Sie.

Nachdem Sie so viel rechnen mussten, haben im nächsten Brainteaser die Rechenarbeit einmal andere für Sie übernommen. Leider hat sich dabei wohl ein Fehler eingeschlichen:

8. Fehlender Euro

Drei Personen kommen in ein Motel. Der Preis für ein Zimmer pro Nacht beträgt 30 Euro. Jeder bezahlt zehn Euro. Nach einer Weile bemerkt der Motelbesitzer, dass der Preis an diesem Wochentag nur 25 Euro beträgt. Er schickt daher seinen Gehilfen mit den überschüssigen fünf Euro zurück zu den drei Gästen. Dabei fällt diesem auf, dass sich fünf Euro schlecht auf drei Personen aufteilen lassen. Er beschließt, zwei Euro zu behalten und den Gästen nur drei Euro zurückzugeben. Nun haben die drei Gäste jeweils neun Euro bezahlt (10-1=9), also insgesamt 27 Euro. Der Motelbesitzer hat zwei Euro behalten: 27+2=29. Ursprünglich lagen 30 Euro auf der Theke. Wo ist der eine Euro geblieben?

Das Verschwinden des einen Euros verblüfft jedes Mal aufs Neue. Alle Zahlen stimmen, alle Rechnungen sind korrekt. Wo also liegt der Fehler? Denn unter die Theke gefallen ist der eine Euro auch nicht. Gehen wir einmal anders an die Rechnung heran: Jeder der drei Personen bezahlt neun Euro (ursprünglich waren es 10 Euro, aber jeder bekommt einen Euro zurück). So kommt man also auf 27 Euro (3 x 9 = 27). Der Motelbesitzer behält zwei Euro. Ziehen wir diese von den 27 Euro ab, kommen wir auf 25 Euro. Das ist der reguläre Preis für das Zimmer. Diese Rechnung stimmt. Die Rechnung stimmt auch, wenn man zu dem regulären Preis des Zimmers (25 Euro) die 3 x 1 Euro, die die Gäste zurückerhalten, sowie die zwei Euro, die der Motelbesitzer unterschlägt, addiert:

25 + (3 x 1) + 2 = 30. Soviel Geld lag ursprünglich auf der Theke.

Der Fehler liegt also genau darin, dass zu den 27 Euro zwei Euro hinzu addiert werden. Das darf man nicht, denn das Zimmer kostet ja regulär 25 Euro und nicht 27 Euro. Man lässt sich hier also durch eine falsch aufgestellte Gleichung verwirren, die zu enttarnen ist. Natürlich ist kein Euro einfach so verschwunden!

9. Vereinsmeierei

Herr Meier hat einen Verein gegründet. Allerdings ist Herr Meier sehr abergläubisch. Also hat er sich für die Mitgliedsnummern ein bestimmtes System ausgedacht: Alle Nummern müssen siebenstellig sein und dürfen nicht mit einer Null beginnen, jedoch muss in jeder Nummer mindestens eine Sieben enthalten sein. Wie viele Mitglieder kann der Verein maximal haben?

Haben Sie das Zählen inzwischen entnervt aufgegeben? Was auf den ersten Blick nach einer leichten Übung aussieht, entpuppt sich beim zweiten Hinsehen als äußerst mühsam. Wie kann man diesen Brainteaser also mit System lösen? Bei dieser Aufgabe geht es um Kombinatorik. Die Kombinatorik ist ein Teilgebiet der Mathematik, in dem es darum geht, die Anzahl der Möglichkeiten für einen Sachverhalt zu errechnen. Sie können diese Aufgabe aber auch ohne die Zuhilfenahme mathematischer Formeln lösen und sich logisch klar machen, welche Ausprägungen die Ziffern der Mitgliedsnummern haben können und wie viele Möglichkeiten es dann insgesamt gibt.

Bei siebenstelligen Mitgliedsnummern können zehn Millionen (10^7) Mitglieder dem Verein beitreten. Da die Nummern nicht mit einer Null beginnen dürfen, fallen einige Möglichkeiten raus: Unter dieser Bedingung kann der Verein höchstens neun Millionen (9 x 106) Mitglieder aufnehmen. Bis hierhin noch alles klar?

Es liegt nahe, als Nächstes alle Nummern, die mindestens eine Sieben enthalten, aus der Ausgangsmenge von zehn Millionen herauszufiltern. Dies gelingt am einfachsten, wenn man die Anzahl der Nummern, die keine Sieben enthalten, berechnet und von zehn Millionen abzieht. Für siebenstellige Mitgliedsnummern ohne eine Sieben gibt es genau 9^7 Möglichkeiten. Warum? Weil es ohne die Sieben für jede Ziffer der siebenstelligen Nummer nur noch neun mögliche Ausprägungen gibt. Rechnet man $10^7 - 9^7$ so erhält man 5.217.031 mögliche Mitgliedsnummern, die eine Sieben enthalten. Leider sind in dieser Zahl auch diejenigen Zahlen enthalten, die mit einer Null beginnen und deshalb keine zulässigen Mitgliedsnummern sind. Man kann jedoch aus diesem Zwischenergebnis die Anzahl der Zahlen, die mit einer Null beginnen, herausfiltern: Genau eine Million der 5.217.031 Zahlen mit mindestens einer Sieben fängt mit einer Sieben an, nämlich die Mitgliedsnummern 7.000.000 bis 7.999.999. Bleiben also noch 4.217.031 Nummern, die sicher eine Sieben enthalten, aber auch mit einer Null beginnen können. Auf diese verteilen sich die restlichen neun Anfangsziffern gleichmäßig: Natürlich gibt es zwischen 0 und 999.999 genauso viele Zahlen mit mindestens einer 7 wie zwischen 3.000.000 und 3.999.999. Also fängt von den noch verbliebenen 4.217.031 Mitgliedsnummern genau ein Neuntel (468.559) mit einer Null an. Jetzt müssen Sie die einzelnen Teilergebnisse nur noch zusammenfügen: Der Verein von Herrn Meier kann maximal 5.217.031 - 468.559 = 4.748.472 Mitglieder aufnehmen.

Es gibt auch noch mindestens einen weiteren, etwas eleganteren Lösungsweg: Überlegen Sie, wie Sie aus allen Kombinationen, die nicht mit einer Null beginnen, die Anzahl der Nummern, die eine Sieben enthalten, bestimmen können. Noch ein Tipp: Stellen Sie eine Berechnung wie oben über das Gegenereignis an und bestimmen Sie zunächst die Anzahl der Nummern, die nicht mit einer Null beginnen und keine Sieben enthalten. Es gibt neun Millionen (9×10^6) siebenstellige Zahlenkombinationen, die nicht mit einer Null beginnen. Als Nächstes müssen Sie bestimmen, wie viele dieser Ziffern keine Sieben enthalten. Das sind genau 8×9^6 Kombinationen. Warum? Weil es für die erste Ziffer nur acht zulässige Ausprägungen gibt, da diese ja keine Null und keine Sieben sein darf, für die anderen sechs Ziffern gibt es neun mögliche Ausprägungen, da die Mitgliedsnummer keine Sieben enthalten darf. Die maximale Mitgliederzahl des Vereins ist dann gleich der Differenz aus allen Kombinationen ohne die Null an erster Stelle und allen Kombinationen ohne die Null am Anfang und ohne eine Sieben:

$$9 \times 10^6 - 8 \times 9^6 = 4.748.472$$

Ein kleiner Trost für alle Leser, die mit diesem mathematisch anspruchsvollen Brainteaser Schwierigkeiten haben: Es ist eher unwahrscheinlich, dass eine derart komplexe Aufgabe, für deren Lösung Sie auf jeden Fall einen Taschenrechner brauchen, im Bewerbungsgespräch drankommt.

Ein beliebtes Aufgabenfeld sind dagegen Brainteaser, die sie mit Hilfe eines einfachen Dreisatzes lösen können. Zum Beispiel: „Fünf Kiwis kosten 83 Cent. Wie viel kosten dann drei Kiwis?" Die Lösung dieser Frage sollte Ihnen keine Schwierigkeiten bereiten. Zunächst rechnet man den Preis für eine Kiwi aus und bestimmt dann den Preis für drei Kiwis. Mit dieser Vorgehensweise können Sie jeden einfachen Dreisatz lösen.

Etwas schwieriger wird es jedoch bei dem nun folgenden Brainteaser.

10. Stahlplatten

Zwölf Stahlplatten können in sechs Stunden an vier Maschinen verarbeitet werden. In welcher Zeit können dann an acht Maschinen 18 Stahlplatten verarbeitet werden?

Hier haben Sie es nicht mit zwei, sondern mit drei Größen zu tun. Im Prinzip ändert sich an der Vorgehensweise im Vergleich zum einfachen Dreisatz nichts. Sie müssen jetzt nur schrittweise vorgehen: Rechnen Sie zuerst aus, wie lange eine Maschine für zwölf Platten braucht. Sie braucht natürlich viermal so lange wie vier Maschinen, also 24 Stunden. Berechnen Sie davon ausgehend in einem zweiten Schritt, wie lange acht Maschinen für zwölf Platten brauchen. Sie erhalten als Zwischenergebnis, dass acht Maschinen drei Stunden für zwölf Platten brauchen. In einem dritten Schritt müssen Sie jetzt ausrechnen, wie lange acht Maschinen für eine Platte brauchen, nämlich 15 Minuten. In einem letzten Schritt können Sie nun durch eine einfache Multiplikation bestimmen, wie lange acht Maschinen für 18 Stahlplatten brauchen. Die Lösung ist: 4,5 Stunden.

Doch Achtung! Dieses Ergebnis stimmt nur, wenn man davon ausgeht, dass sich die Maschinen die Arbeit an einer Platte teilen können. Eine Maschine braucht pro Platte zwei Stunden. Aber kann man die Arbeit an einer einzelnen Stahlplatte wirklich mit acht Maschinen schneller machen? Wenn man davon ausgeht, dass sich die Maschinen die Arbeit an einer Platte nicht teilen können, dann sind nach vier Stunden 16 Platten fertig. Zwei Maschinen müssen dann noch je zwei Stunden länger arbeiten um die restlichen beiden Platten fertig zu machen. Dann brauchen die Maschinen insgesamt auch sechs Stunden, also genau so lange wie für zwölf Platten. Wenn Sie diesen Einwand beim Interview vorbringen, sieht Ihr gegenüber, dass Sie nicht nur theoretisch denken und rechnen können, sondern dass Sie auch ein praktisches Verständnis haben.

Die mathematische Schwierigkeit bei mehrstufigen Dreisatz-Aufgaben besteht darin, die unterschiedlichen Proportionen nicht durcheinander zu bringen. Im Beispiel ist die Zuordnung Maschinen und Arbeitsstunden antiproportional: „Je mehr Maschinen, desto weniger Arbeitsstunden", die Zuordnung Stahlplatten und Arbeitsstunden ist jedoch proportional: „Je mehr Platten, desto mehr Arbeitsstunden".

11. Halbe Hühner

Eineinhalb Hühner legen an eineinhalb Tagen eineinhalb Eier. Wie viele Eier legt ein Huhn an einem Tag?

„Ein Ei!" möchte man als Antwort herausrufen. Doch da haben Sie die Rechnung ohne die Hühner gemacht. Bedienen Sie sich der Methoden des Dreisatzes und rechnen Sie die Angaben um: Wenn eineinhalb Hühner an eineinhalb Tagen eineinhalb Eier legen, dann legt ein Huhn an eineinhalb Tagen ein Ei. Das wiederum bedeutet, dass ein Huhn an einem Tag 2/3 Eier legt. Wie das geht, ist eine andere Frage, die hier zum Glück nicht beantwortet werden muss.

Manchmal sind bei Brainteasern auch Ihre Kenntnisse in Geometrie gefragt, wie Sie auf der nächsten Seite sehen werden.

12. Uhrzeiger

Wie viel Grad entspricht der Abstand der beiden Zeiger einer Uhr um 15:20 Uhr?

Auch wenn Ihnen Kreise und Winkel seit Ihrem Abitur nur noch selten begegnet sind, sollte Ihnen die Lösung dieses Brainteasers nicht allzu schwer fallen: Da ein Kreis, in diesem Fall ein Zifferblatt, 360° umfasst, entspricht der Abstand zwischen zwei Ziffern genau einem Zwölftel von 360°, also 30°.

Um 15:20 Uhr steht der Minutenzeiger genau auf der Vier. Jetzt dürfen Sie aber nicht übersehen, dass um 15:20 Uhr der Stundenzeiger nicht mehr auf der Drei steht, sondern sich schon um ein Drittel, also um 10°, in Richtung der Vier gedreht hat. Der Abstand der beiden Zeiger um 15:20 Uhr entspricht also genau 20°.
Ein bisschen komplizierter wird es im nächsten Fall:

13. Winkel im 32-Eck

Wie groß ist die Summe aller Winkel in einem 32-Eck?

Ausnahmsweise wird hier unverblümt nach Ihren mathematischen Fähigkeiten gefragt. Ist Ihnen die allgemeine Formel für die Berechnung einer Winkelsumme noch bekannt? Dann fällt es Ihnen sicher nicht schwer, das Ergebnis zu berechnen. Wahrscheinlicher, und durchaus zu entschuldigen ist es, wenn Sie diese Formel spontan nicht mehr parat haben. Macht nichts, solange Sie wissen, dass die Summe der Winkel in einem Dreieck immer 180° ist. Man kann in jedes n-Eck n Dreiecke einzeichnen, die sich in der Mitte treffen. Sie können die Winkelsumme in einem 32-Eck berechnen, wenn Sie die Summe der Winkel der Dreiecke (32 x 180°) nehmen und davon die Winkel der Dreieckspitzen in der Mitte des 32-Ecks abziehen. Die Winkelsumme der Dreieckspitzen entspricht genau 360°. Die Lösung lautet:

$$32 \times 180° - 360° = 5.400°$$

Wenn es Ihnen schwer fällt, diese Überlegungen nachzuvollziehen, dann skizzieren Sie einfach ein Viereck oder ein Sechseck und zeichnen Sie die entsprechenden Dreiecke ein. Spätestens dann wird der Ansatz klar. Die allgemeine Formel für die Berechnung einer Winkelsumme lautet übrigens:

$$\text{Summe der Winkel in einem n-Eck} = (n - 2) \times 180°$$

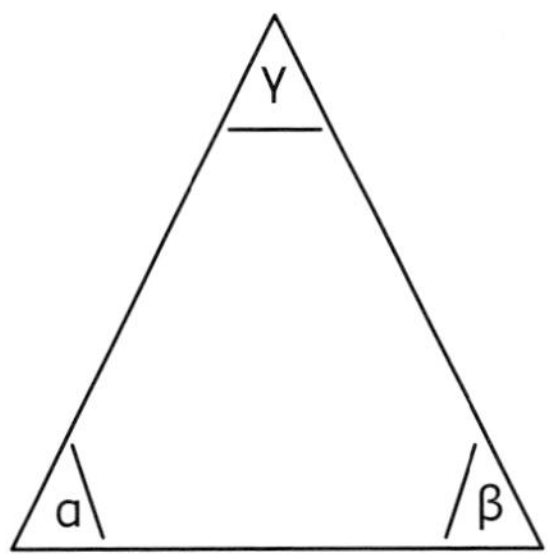

Formel:

$\alpha + \beta + \gamma = 180°$

Winkel im Dreieck

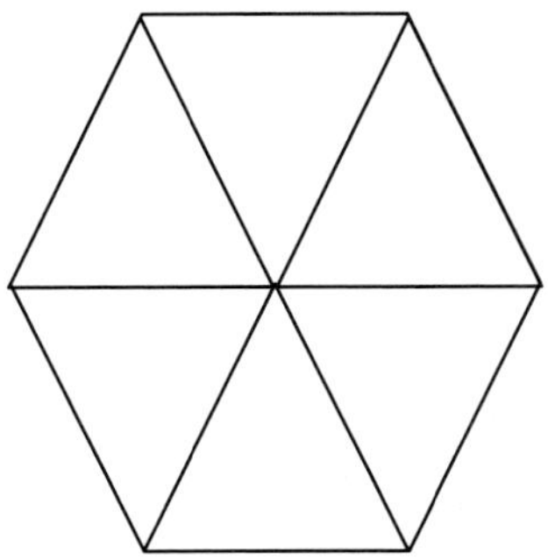

Formel: 6-Eck

$6 \times 180° - 360° = 720°$

Beispiel: 6-Eck

In einer weiteren Art von Brainteasern, die Ihr mathematisches Denkvermögen fordern, geht es um die Berechnung von Wahrscheinlichkeiten. Auch hier gilt: Sie müssen keine Wunderdinge vollbringen, um die Aufgaben zu lösen.

14. Buslinie 1

Tom fährt jeden Tag mit dem Bus zur Arbeit. An seiner Einstiegshaltestelle fahren zwei Buslinien (Linie 1 und Linie 2), die beide zu seiner Arbeitsstätte fahren. Beide Linien verkehren im Zehn-Minuten-Takt. Tom besitzt keine Uhr, fährt zu den unterschiedlichsten Zeiten zur Arbeit und nimmt immer den ersten Bus, der gerade kommt. Nach einem halben Jahr stellt er erstaunt fest, dass er mit der Buslinie 1 vier Mal so oft gefahren ist wie mit der Buslinie 2. Warum?

Dem Aufgabentext können Sie entnehmen, dass Tom unregelmäßig, also zu einem zufälligen Zeitpunkt innerhalb von zehn Minuten, an die Bushaltestelle kommt. Die Wahrscheinlichkeit dafür, dass er zu einer bestimmten Minute innerhalb einer zehnminütigen Periode an der Haltestelle ankommt, liegt bei einem Zehntel. Mit der einen Linie fährt Tom viermal häufiger als mit der anderen. Das bedeutet, die Wahrscheinlichkeit, dass er die Linie 1 bekommt, liegt bei acht Zehnteln, die Wahrscheinlichkeit für die Linie 2 bei zwei Zehnteln.

Wie kann das sein? Ganz einfach, die Busse der Linie 1 kommen immer zwei Minuten vor den Bussen der Linie 2. Ein Beispiel: Linie 1 kommt um 08:10 Uhr, Linie 2 um 08:12, die nächste Linie 1 dann wieder um 08:20 Uhr usw. Tom kommt irgendwann zufällig zwischen 08:10 Uhr und 08:19 Uhr an die Haltestelle. Vorausgesetzt, die Busse sind pünktlich, kommt Linie 2 nur dann als erstes, wenn er um 08:11 Uhr oder um

08:12 Uhr an die Haltestelle kommt, wenn er zu einer anderen Zeit kommt, nimmt er Linie 1.

Um die Berechnung von Wahrscheinlichkeiten geht es auch in den folgenden beiden Brainteasern:

15. Die rote Kugel gewinnt

Vor Ihnen stehen zwei Schachteln. Eine Schachtel enthält 50 rote Kugeln, die andere 50 grüne Kugeln. Sie dürfen mit verbundenen Augen aus einer Schachtel, die zufällig ausgewählt wird, eine Kugel ziehen. Wenn Sie eine rote Kugel ziehen, haben Sie gewonnen. Wenn Sie eine grüne Kugel ziehen, gehen Sie leer aus. Bevor das Spiel losgeht, dürfen Sie die Kugeln beliebig auf die Schachteln verteilen. Die einzige Bedingung ist, dass alle Kugeln im Spiel sein müssen. Wie müssen Sie die Kugeln verteilen, um Ihre Gewinnchance zu maximieren?

Intuitiv ist klar, dass die Gewinnchance mindestens 50 Prozent beträgt. Nämlich dann, wenn Sie gar nichts unternehmen und sich einfach eine – zufällig ausgewählte – Schachtel geben lassen. Wenn die Schachtel mit den roten Kugeln ausgewählt wird, haben Sie auf jeden Fall gewonnen. Wird die Schachtel mit den grünen Kugeln gewählt, haben Sie dagegen mit Sicherheit verloren. Gibt es eine Strategie, mit der Sie eine Gewinnchance von mehr als 50 Prozent haben? Der Schlüssel zur Lösung ist hier, dass in den beiden Schachteln nicht gleich viele Kugeln sein müssen. Kehren wir mit dieser Erkenntnis wieder zur Ausgangssituation zurück: Eine 50-prozentige Chance haben Sie auch dann, wenn sich in der Schachtel mit den roten Kugeln nur eine einzige rote Kugel befindet. Die restlichen 49 Kugeln sind in dieser Situation überflüssig, da sich ja in der Schachtel ohnehin nur rote Kugeln befinden. Wenn die Schachtel mit den roten Kugeln ausgewählt wird, haben Sie auf jeden Fall gewonnen.

Was nun mit den restlichen 49 roten Kugeln geschehen muss, ist offensichtlich. Diese müssen natürlich in die Schachtel, in der sich alle grünen Kugeln befinden. Damit beträgt die Chance, das Spiel auch zu gewinnen, wenn die Schachtel mit den 50 grünen und 49 roten Kugeln ausgewählt wird, fast 50 Prozent (genauer: 49/99, also ca. 49,5%). Wird die Schachtel mit der einen roten Kugel ausgewählt, haben Sie mit 100-prozentiger Sicherheit gewonnen. Insgesamt können Sie Ihre Gewinnchance durch geschicktes Umverteilen der Kugeln also auf fast 75 Prozent steigern.

Dieser Lösungsansatz zeigt, dass es oft sinnvoll ist, sich mathematischen Problemen durch logische Denkansätze zu nähern. Kritiker mögen anmerken, dass hier der formale mathematische Nachweis dafür fehlt, dass die gefundene Lösung auch wirklich die höchste Gewinnchance bietet. Intuitiv wird jedoch klar, dass Sie Ihre Chancen nicht noch weiter steigern können. Sobald Sie anfangen, in beide Schachteln grüne und rote Kugeln zu legen, sinken die Gewinnchancen rapide.

16. Gewinner in der Spielshow

Sie sind Gast bei einer Spielshow, und müssen zwischen drei Toren wählen. Hinter zwei Toren ist eine Niete, hinter dem dritten der Hauptpreis. Sie wählen Tor 1. Daraufhin öffnet der Moderator Tor 3 und zeigt Ihnen die Niete hinter diesem Tor. Sie können jetzt noch einmal Ihre Entscheidung ändern und neu zwischen den verbleibenden beiden geschlossenen Toren wählen. Was sollten Sie tun? Ist es egal, welches Tor Sie wählen oder können Sie Ihre Chancen verbessern, wenn Sie bewusst bei Ihrer Wahl bleiben oder das Tor wechseln?

Ganz egal, schließlich haben Sie sowieso keine Ahnung, hinter welchem Tor der Hauptgewinn ist und die Gewinnchance liegt bei einem Drittel.

Oder? Gibt es vielleicht eine Strategie, wie Sie Ihre Gewinnchancen verbessern können? Tatsächlich gibt es sie: Sie müssen das Tor wechseln!

Warum? In der Ausgangssituation liegt die Gewinnchance bei 33,3 Prozent. Nachdem Sie ein Tor gewählt haben, zeigt Ihnen der Moderator eine Niete hinter einem der anderen Tore. Und jetzt aufgepasst: Der Moderator kann dieses Tor nur dann beliebig auswählen, wenn Sie auf das richtige Tor gesetzt haben. Dann sind hinter beiden anderen Toren Nieten. Wenn Sie aber beim ersten Durchgang daneben gelegen haben, was mit einer Wahrscheinlichkeit von 66,6 Prozent der Fall ist, dann muss (!) der Moderator genau das Tor auswählen, das er Ihnen zeigt. Er kann Ihnen nicht den Gewinn hinter dem anderen Tor zeigen. Mit anderen Worten: Wenn Sie beim ersten Versuch falsch liegen, ist der Hauptgewinn auf jeden Fall hinter dem Tor, das Ihnen der Moderator nicht öffnet. Da die Wahrscheinlichkeit, beim ersten Versuch falsch zu tippen und den Moderator in Handlungszwang zu bringen, bei 66% liegt, können Sie durch einen Wechsel zum anderen Tor Ihre Gewinnchancen im zweiten Versuch auf 66% verbessern. Bleiben Sie dagegen bei Ihrer ursprünglichen Wahl (Tor 1), liegen Ihre Gewinnchancen gegenüber dem ersten Versuch unverändert bei 33%. Mathematisch ausgedrückt handelt es sich hier um bedingte Wahrscheinlichkeiten.

17. Der Weinkeller

Im Weinkeller von Herrn Müller lagern 200 Flaschen Wein. Da Herr Müller lieber Rotwein als Weißwein trinkt, sind 99 Prozent seiner Flaschen Rotweine. Der Rest ist Weißwein. Wie viele Flaschen Rotwein muss Herr Müller trinken, um den Anteil des Rotweins in seinem Weinkeller auf 98 Prozent zu reduzieren?

Intuitiv erscheint es logisch, dass Herr Müller nicht allzu viel trinken muss, um den Weißweinanteil auf zwei Prozent zu steigern. Ein Prozent von 200 Flaschen sind bekanntlich zwei Flaschen. Also kann Herr Müller seinen Rotweinanteil offenbar auf 98 Prozent senken, wenn er nur zwei Flaschen Rotwein trinkt. Doch Vorsicht, so einfach ist es nicht. Wie so oft bei Brainteasern ist auch hier die nahe liegende Lösung falsch. Wenn Herr Müller zwei Flaschen Rotwein trinkt, dann sind unter den verbliebenen 198 Flaschen immer noch 196 Flaschen Rotwein. Das sind immer noch fast 99 Prozent. Um bei diesem Brainteaser zu einer Lösung zu gelangen, müssen Sie auf die richtigen Bezugsgrößen achten. In der Ausgangssituation gibt es ein Prozent, also zwei Flaschen, Weißwein. Diese werden nicht getrunken. Die Frage ist, wie aus diesen zwei Flaschen zwei Prozent der Weinsammlung werden. Ist der Groschen gefallen? Herr Müller muss die Hälfte seiner Weinvorräte trinken, um den Weißweinanteil auf zwei Prozent zu erhöhen! Er muss also 100 Flaschen Rotwein trinken. Dann hat er noch 98 Flaschen Rotwein und zwei Flaschen Weißwein, also 98 Prozent Rotweine.

Kapitel 2: Logisches Denken

„Na logisch!" Häufig hört man diesen Ausspruch. Aber was bedeutet logisch eigentlich? Von gegebenen Aussagen auf ein richtiges Ergebnis schließen, also folgerichtiges Denken, darum dreht es sich bei der Logik. Die Brainteaser in diesem Kapitel werden es Ihnen zeigen: Logisches Denken heißt auch, dem Denken eine Struktur und eine Form zu geben. Gehen Sie stets analytisch vor: Untersuchen Sie Brainteaser systematisch hinsichtlich aller Aussagen, die im Aufgabentext getroffen werden. Wichtig ist auch: Überprüfen Sie immer, ob Sie aus den Aussagen, die in der Aufgabenstellung gemacht werden, tatsächlich die richtigen Folgerungen gezogen haben.

Beginnen wir mit zwei leichten Logikaufgaben, bei denen Sie alle notwendigen Angaben in der Aufgabenstellung gegeben haben. Ihre Aufgabe ist es, daraus den richtigen Schluss zu ziehen:

18. Wochentage

Welcher Tag ist morgen, wenn vorgestern der Tag nach Montag war?

Fangen Sie bei Montag an. Der Tag nach Montag ist der Dienstag. Also war vorgestern Dienstag. Wenn vorgestern Dienstag war, dann ist heute Donnerstag. Gefragt ist jedoch nach dem Tag, der auf den Donnerstag folgt. Demnach ist Freitag die richtige Lösung. Diese Art von Logikaufgaben ist sehr beliebt. Solche Aufgaben können beliebig variiert werden.

19. Einzelkind vor Ölgemälde

Das Einzelkind Matthias steht vor einem Ölgemälde. Er erklärt: „Der Vater des Abgebildeten ist der Sohn meines Vaters." Wer ist auf dem Gemälde zu sehen?

Zerlegen Sie den Satz in zwei Teile: Zum ersten „der Sohn meines Vaters" und zum zweiten „der Vater des Abgebildeten". Die erste Aussage macht deutlich, dass „der Sohn meines Vaters" natürlich nur Matthias selbst sein kann. Die zweite Aussage „der Vater des Abgebildeten" ist identisch mit „der Sohn meines Vaters", wiederum Matthias. Wenn aber Matthias der Vater des Abgebildeten ist, kann auf dem Gemälde nur der Sohn von Matthias zu sehen sein.

Beim nächsten Brainteaser wird es ein bisschen anspruchsvoller. Sie müssen hier verschiedene Fälle durchspielen und mit „wenn ..., dann ..."-Überlegungen arbeiten.

20. Der Kommissar und der Einbruch

Kommissar Helle brütet über den Zeugenaussagen von drei Verdächtigen, die eines Einbruchs beschuldigt werden: Der Verdächtige Alfons behauptet, dass Benno den Einbruch verübt hat. Benno sagt aus, dass Charly der Täter ist. Charly beschuldigt Benno, dass dieser lügt. Der Kommissar weiß, dass nur der Einbrecher lügt und dass die Aussagen der anderen Verdächtigen auf jeden Fall der Wahrheit entsprechen. Kann jemand Kommissar Helle helfen, den Täter zu ermitteln?

Strukturieren Sie Ihre Antwort und spielen Sie die möglichen Fälle durch. Sie wissen, dass nur der Täter lügt und dass die anderen Zeugen auf jeden Fall die Wahrheit sagen. Überlegen Sie sich, wann die getroffenen Aussagen diese Bedingungen erfüllen.

Wenn es Alfons (A) war, dann lügt A. Die Aussage von Benno (B) wäre dann aber auch falsch. A kann also nicht der Täter sein. Wenn B der Täter ist, dann lügt er. Die Aussagen von A und Charly (C) stimmen in diesem Fall: C behauptet wahrheitsgemäß, dass B lügt und A beschuldigt B sowieso. Wäre C der Täter gewesen, würde er lügen, aber auch A würde dann nicht die Wahrheit sagen.

Dieser Brainteaser ist ein absoluter Klassiker im Bewerbungsgespräch:

21. Neun Kugeln wiegen

Auf einem Tisch liegen neun Kugeln und eine Apothekerwaage mit zwei Waagschalen. Eine der neun Kugeln ist schwerer als die anderen acht Kugeln. Der Gewichtsunterschied ist jedoch so gering, dass er nur mit Hilfe der Waage erkannt werden kann. Ist es möglich mit zweimaligem Wiegen die schwere Kugel zu finden? Wenn ja, wie muss man vorgehen?

Das Prinzip einer Apothekerwaage ist, dass man einen Gegenstand im Verhältnis zu einem anderen wiegt. Um beispielsweise 75 Gramm Aspirin abzuwiegen, verwendet der Apotheker Gewichte zu 50 Gramm, zweimal zehn Gramm und einmal fünf Gramm. Befindet sich die Waage im Gleichgewicht, ist das gesuchte Gewicht erreicht.

Nutzen Sie dieses Prinzip, um in zwei Wiegeschritten die schwere Kugel zu identifizieren. Gehen Sie das Problem rückwärts an: Wenn Sie nur einen Versuch hätten, unter wie vielen Kugeln könnten Sie dann höchstens die schwere herausfinden? Die Waage kann nach links oder nach rechts ausschlagen oder – und das darf man nicht vergessen – sie ist im

Gleichgewicht. Sie wissen nun, dass Sie mit einmaligem Wiegen aus maximal drei Kugeln die schwere identifizieren können. Die nächste Frage muss also lauten: Schaffen Sie es, mit dem ersten Wiegevorgang drei Kugeln sicher zu bestimmen, unter denen die schwerere sein muss? Gehen Sie nach dem gleichen Prinzip vor wie beim zweiten Wiegen: Im ersten Wiegevorgang legen Sie dazu jeweils drei Kugeln in die beiden Waagschalen. Die restlichen drei Kugeln werden nicht gewogen. Ist die Waage ausgeglichen, so ist die schwere Kugel nicht unter den sechs gewogenen Kugeln zu finden. Bereits vor dem zweiten Wiegevorgang wissen Sie: Die schwere Kugel befindet sich unter den drei noch nicht gewogenen Kugeln. Legen Sie in beide Waagschalen eine der in Frage kommenden Kugeln. Die dritte Kugel wird nicht gewogen. Ist die Waage wieder ausgeglichen, so ist die letzte nicht gewogene Kugel die schwere.

Die Lösung gilt genauso, wenn sich im ersten Wiegeschritt die Waage auf der einen Seite nach unten neigt. Unter den drei Kugeln, die sich in dieser Waagschale befinden, ist die schwere Kugel zu finden. Der zweite Schritt ist identisch: Sie wiegen zwei Kugeln und lassen die dritte draußen.

Nach dem gleichen Prinzip lässt sich auch eine schwierigere Variante dieses Brainteasers lösen, die wir auf der folgenden Seite ausführlich diskutieren werden.

22. Zwölf Kugeln wiegen

Auf dem Tisch liegen jetzt zwölf Kugeln. Eine der Kugeln ist entweder schwerer oder leichter als die übrigen elf Kugeln. Wie in der letzten Aufgabe ist auch hier der Gewichtsunterschied so gering, dass er nur mit Hilfe einer Waage erkannt werden kann. Zum Wiegen steht wieder eine Apothekerwaage mit zwei Waagschalen zur Verfügung. Kann man mit dreimaligem Wiegen herausfinden, welche Kugel ein anderes Gewicht hat als die anderen elf und kann man bestimmen, ob diese Kugel schwerer oder leichter ist als die anderen?

Auf den ersten Blick erscheint es nahe liegend, so vorzugehen wie in der letzten Aufgabe, und die Kugeln in Dreiergruppen aufzuteilen. Doch Sie werden schnell feststellen, dass das in diesem Fall nicht funktioniert. Das Problem ist, dass man nicht weiß, ob die gesuchte Kugel leichter oder schwerer als die anderen ist. Daher weiß man ohne weitere Informationen auch nicht, auf welcher Seite der Waage sich die gesuchte Kugel befindet, wenn die Waage im Ungleichgewicht ist. Der Schlüssel zur Lösung ist hier, die Kugeln in Vierergruppen aufzuteilen und zunächst zwei Gruppen gegeneinander zu wiegen.

Ausgangssituation A - Gleichgewicht beim ersten Wiegevorgang:
Wenn die Waage im Gleichgewicht ist, wissen Sie, dass die gesuchte Kugel unter den restlichen vier Kugeln sein muss. Doch Vorsicht! Wenn Sie nun einfach die vier in Frage kommenden Kugeln in Zweiergruppen gegeneinander wiegen, erhalten Sie keinerlei zusätzliche Informationen. Die Waage wird auf jeden Fall ausschlagen. Da Sie aber nicht wissen, ob die gesuchte Kugel schwerer oder leichter als die anderen ist, wissen Sie auch nicht, auf welcher Seite sie sich befindet. Stattdessen müssen Sie drei der in Frage kommenden Kugeln gegen drei normale Kugeln – die Sie den im ersten Durchgang gewogenen Kugeln entnehmen – wiegen.

Folgesituation A1 – Gleichgewicht auch beim zweiten Wiegevorgang:
Wenn die Waage jetzt im Gleichgewicht ist, wissen Sie, dass die letzte, noch nicht gewogene Kugel, die gesuchte sein muss. Ob sie schwerer oder leichter als die anderen ist, können Sie leicht herausfinden, indem Sie sie in einem dritten Wiegedurchgang gegen eine normale Kugel wiegen.

Folgesituation A2 – Ungleichgewicht beim zweiten Wiegevorgang:
Wenn die Waage beim zweiten Wiegen nicht im Gleichgewicht ist, kommen nur noch drei Kugeln in Frage. Außerdem wissen Sie dann auch schon, ob die gesuchte Kugel leichter oder schwerer ist als die anderen. Diese Information ist wichtig. Denn aus drei Kugeln können Sie leicht in einem einzigen Wiegevorgang die schwerere herausfinden (vgl. die Lösung zum vorherigen Brainteaser). Das gilt analog natürlich auch für eine Kugel, die leichter ist als die anderen.

Ausgangssituation B - Ungleichgewicht beim ersten Wiegevorgang:
Wenn die Waage beim ersten Wiegen nicht im Gleichgewicht ist, wird es ein wenig komplizierter. Sie wissen dann nur, dass die gesuchte Kugel unter den acht gewogenen Kugeln sein muss. Sie wissen aber außerdem, dass die vier nicht gewogenen Kugeln alle normalgewichtig sind. Auch diese Information ist wichtig! Nun müssen Sie drei der gewogenen Kugeln auf einer Seite der Waage – sagen wir, auf der schwereren Seite – gegen drei normale Kugeln austauschen. Die Kugeln, die Sie auf der schwereren Seite weggenommen haben, legen sie auf die leichtere Seite der Waage und entnehmen dort drei Kugeln, die Sie beiseite legen.

Folgesituation B1 – Gleichgewicht beim zweiten Wiegevorgang:
Wenn die Waage jetzt im Gleichgewicht ist, wissen Sie, dass die gesuchte Kugel unter den drei beiseite gelegten Kugeln ist. Sie wissen außerdem, dass die gesuchte Kugel leichter ist als die anderen. Jetzt ist es nicht mehr schwer, im dritten Schritt die gesuchte Kugel zu bestimmen.

Folgesituation B2 – Ungleichgewicht auch beim zweiten Wiegevorgang: Wenn die Waage nach dem zweiten Wiegen nicht im Gleichgewicht ist, sich nun aber die andere Seite nach unten neigt, wissen Sie, dass eine der drei Kugeln, die Sie vor dem zweiten Wiegen von der einen auf die andere Seite verschoben haben, die gesuchte Kugel ist. Sie wissen auch, dass die gesuchte Kugel schwerer sein muss. Der dritte Schritt ist dann wieder einfach, wie oben beschrieben.

Wenn die Waage nach dem zweiten Wiegen immer noch auf die gleiche Seite neigt, wie nach dem ersten Wiegen, wird es etwas kniffliger. Sie wissen dann aber, dass die gesuchte Kugel eine der beiden Kugeln sein muss, die vor dem zweiten Wiegen nicht bewegt wurden. Sie wissen außerdem, welche der beiden Kugeln schwerer ist als die andere (obwohl Sie nicht wissen, welche der beiden Kugeln Normalgewicht hat). Jetzt wiegen Sie im dritten Wiegevorgang die schwerere Kugel gegen eine normale Kugel. Wenn die Waage im Gleichgewicht ist, muss die letzte verbliebene Kugel leichter als die anderen sein. Wenn die Waage ausschlägt, ist die gesuchte Kugel auch gefunden, und als schwere Kugel identifiziert.

Bei den beiden Kugel-Brainteasern sieht man, wie wichtig es ist, alle verfügbaren Informationen als solche zu erkennen und zu nutzen. In diesem Fall ist es essenziell, zu verstehen, dass auch Informationen über diejenigen Kugeln vorliegen, die gar nicht gewogen wurden.

23. Cowboys und Indianer

Drei Cowboys werden von Indianern gefangen genommen. Der weise Häuptling gibt den Cowboys eine letzte Chance: Er bindet die drei hintereinander an drei Marterpfähle und zwar so, dass der Hintere die beiden anderen vor sich sieht, der Mittlere nur noch einen und der Vordere keinen sieht. Nun fängt er von hinten an, den Cowboys aus einem Korb jeweils eine Feder an den Hut zu stecken. Er verrät den Cowboys, dass der Korb drei weiße und zwei schwarze Federn enthält. Nun stellt er die drei armen Seelen vor folgendes Ultimatum: „Wenn mir einer von Euch sagen kann, welche Farbe die Feder an seinem eigenen Hut hat, kommt Ihr alle drei frei. Ansonsten seid Ihr des Todes. Natürlich dürft Ihr nicht miteinander sprechen.“ Überleben die drei oder sterben sie?

Die erste Schwierigkeit, die diese Frage mit sich bringt ist, dass man nicht weiß, ob die Cowboys eine Überlebenschance haben. Es wäre einfacher für Sie, wenn die Frage lautete: „Warum überleben die Cowboys?“ Um eine Lösung zu finden, müssen Sie zunächst davon ausgehen, dass es für die drei einen Ausweg gibt. Überlegen Sie, unter welcher Bedingung die Cowboys überleben.

Damit die Cowboys auf jeden Fall freikommen, müsste bei allen möglichen Kombinationen von schwarzen und weißen Federn mindestens ein Cowboy die Farbe der Feder an seinem Hut kennen. Ist dies nicht der Fall, dann hängt das Überleben der Cowboys davon ab, wie der Häuptling die Federn steckt. Wenn bei keiner einzigen Kombination auch nur ein Cowboy die Farbe seiner Feder kennt, dann wäre das der sichere Tod für alle. Überlegen Sie sich jetzt, welche Kombinationen es überhaupt gibt. Um sich eine schnelle Übersicht zu verschaffen, legen Sie am besten eine Tabelle an:

← Blickrichtung der Cowboys

Fälle	Vorderer Cowboy	Mittlerer Cowboy	Hinterer Cowboy
1	Schwarz	Schwarz	Weiß
2	Schwarz	Weiß	Schwarz
3	Schwarz	Weiß	Weiß
4	Weiß	Schwarz	Schwarz
5	Weiß	Weiß	Schwarz
6	Weiß	Schwarz	Weiß
7	Weiß	Weiß	Weiß

Fall 1: Der erste Fall ist der einfachste. Der hintere Cowboy sieht zwei schwarze Federn vor sich. Da er weiß, dass der Indianer nur zwei schwarze Federn in seinem Korb hat, muss er folglich eine weiße Feder an seinem Hut haben. Er nennt die Antwort und alle Cowboys sind frei. Bei allen weiteren Kombinationen kann der hintere Cowboy die Lösung nicht wissen und schweigt. Dadurch wissen die beiden vorderen Cowboys, dass sie nicht beide eine schwarze Feder an ihren Hüten haben können. In diesem Fall hätte der hintere Cowboy die Antwort genannt. Das Schweigen des hinteren Cowboys ist der Schlüssel zur Lösung.

Fall 2 und 3: Diese beiden Fälle sind jetzt nicht mehr schwierig nachzuvollziehen. Sieht der mittlere Cowboy eine schwarze Feder auf dem Hut seines Vorgängers und weiß, dass der hintere nicht geantwortet hat, so muss er eine weiße Feder am Hut haben. In diesen Fällen ist er derjenige, der die Antwort sagt. Alle kommen frei.

Fall 4 bis 7: Die verbleibenden Fälle sind einfach. In der Tabelle ist klar zu erkennen: Der vordere Cowboy hat eine weiße Feder an seinem Hut. Wichtiger ist der Gedankengang des Vorderen: Der hintere Cowboy hat nichts gesagt, also haben die beiden vorderen Cowboys nicht beide eine schwarze Feder an ihrem Hut. Da auch der mittlere Cowboy die Lösung nicht nennen konnte, weiß der vordere: „Meine Feder muss die weiße sein."

Einer der Cowboys kann auf jeden Fall die Farbe seiner Feder bestimmen, daher kommen alle drei frei. Diese Aufgabe zeigt nicht nur, wie Sie sich logisch einer Lösung nähern können, sondern auch, wie wichtig es immer wieder ist, bei der Suche nach einer Lösung auch mal um die Ecke zu denken. Es ist offensichtlich, dass jeder Cowboy die Farbe der Federn seiner Vordermänner sehen kann. Das führt die Cowboys jedoch nur im Fall 1 auf direktem Weg in die Freiheit. Die entscheidende Zusatzinformation ist in allen anderen Fällen das Antwortverhalten ihrer Mitgefangenen.

Auch der „Cowboy und Indianer"-Brainteaser ist ein Klassiker, der häufig in Bewerbungsgesprächen gestellt wird.

24. Betrogene Frauen

In einer kleinen Stadt leben die Frauen friedlich mit ihren Männern zusammen. Die Frauen tratschen den ganzen Tag: Jede Frau weiß alles über die anderen Frauen, kann aber die anderen Frauen nicht fragen, was diese über sie selbst wissen. Umgekehrt ist keine der Frauen so direkt, dass sie einer anderen Frau ins Gesicht sagen würde, was sie über sie weiß. Eines Abends nun kommt ein Hellseher in die Stadt und spricht zu den Frauen: „In dieser Stadt gibt es Männer, die ihre Frauen heimlich betrügen." Wenn eine Frau weiß, dass ihr Mann sie betrügt, dann wirft sie ihren Mann am nächsten Morgen raus. Immer um 8:00 Uhr, ohne Ausnahme. Frage: Wie viele Männer können nach 16 Tagen maximal von ihren Frauen rausgeworfen worden sein?

Wie beim vorherigen Brainteaser ist auch hier das beobachtbare Verhalten der anderen beteiligten Personen der Schlüssel zur Lösung. Es gilt analog zum möglichen Schweigen der Cowboys, dass ein mögliches Nichtstun der Frauen wichtige Informationen liefert.

Lösung: Eine Ehefrau kennt jede andere Ehefrau, die betrogen wird. Kennt sie keine, wird genau eine betrogen: sie selbst. Kennt sie dagegen genau eine andere Ehefrau, geht sie davon aus, dass diese ihren Mann am ersten Tag hinauswirft. Wenn diese Frau das jedoch nicht tut, dann bedeutet das, dass sie auch eine Ehefrau kennt, die betrogen wird. Nachdem es am ersten Tag keinen Rausschmiss gab, werfen in diesem Fall am zweiten Tag die beiden Frauen ihre Männer raus, die nur von einer betrogenen Ehefrau wussten. Führt man dieses Gedankenspiel weiter, kommt man zu dem Ergebnis, dass nach 16 Tagen höchstens 16 Ehemänner von ihren Frauen rausgeworfen werden. Das ist der Fall, wenn es genau 16 betrogene Ehefrauen gibt. Werden mehr Frauen betrogen, fliegt nach 16 Tagen noch keiner der Ehemänner raus.

25. Wahrheit und Lüge

Ein Wanderer kommt an eine Kreuzung, an der es nach Lügenstadt und nach Wahrburg geht. Da der Wegweiser umgefallen ist, kann der Wanderer nicht erkennen, welche Stadt in welcher Richtung liegt. Er geht daher aufs Geratewohl in eine Richtung. Er weiß, dass die Einwohner von Lügenstadt immer lügen, während die Einwohner von Wahrburg immer die Wahrheit sagen. In der Stadt, in die er gelangt, ist gerade Markttag, und es sind Leute aus beiden Städten anwesend. Nun darf der Wanderer einmal einer Person eine Frage stellen, um herausfinden, in welcher Stadt er sich befindet. Wie muss die Frage lauten?

Aus beiden Städten sind Leute anwesend, somit ist nur in einer der Städte Markttag. (Man könnte an dieser Stelle natürlich einwenden, dass auch in beiden Städten Markt sein könnte und die Leute vielleicht in die Nachbarstadt fahren, weil der Markt dort schöner und größer ist. Aber darum geht es hier nicht.) Der Wanderer hat zwei Probleme: Er weiß nicht, wo er ist und er weiß nicht, mit wem er es zu tun hat, wenn er eine Frage stellt. Der Wanderer möchte herausfinden, wo er ist. Ob ihm das ein Wahrburger oder ein Lügenstädter erzählt, ist ihm prinzipiell egal. Wie muss der Wanderer vorgehen, wenn er nur eine einzige Frage zur Verfügung hat? Hätte er zwei Fragen, wäre das viel einfacher. Er könnte dann mit einer ersten Frage herausfinden, wem er gegenüber steht; zum Beispiel durch die Frage „Ist hier heute Markttag?".

Der Schlüssel zur Lösung: Der Wanderer muss eine Frage stellen, die von einem Wahrburger und von einem Lügenstädter gleich beantwortet wird. Die Frage lautet: „Ist in der Stadt, aus der Du kommst, heute Markttag?" Die möglichen Antworten sind eindeutig: Wenn der Wanderer in Wahrburg ist, antworten sowohl ein Wahrburger als auch ein Lügenstädter: „Ja, es ist Markttag in meiner Stadt." Ist der Wanderer in Lügenstadt, ist die Antwort immer „Nein, es ist kein Markttag in meiner Stadt."

Es gibt übrigens noch eine andere mögliche Fragestellung, die ein wenig komplizierter ist, bei der es dafür aber völlig unerheblich ist, ob tatsächlich nur in einer Stadt Markttag ist: „Was würde einer aus der anderen Stadt sagen, wo ich jetzt bin?" Die Antwort ist dann immer die Stadt, in der der Wanderer nicht ist.

Ihre Kombinationsfähigkeiten sind im folgenden Brainteaser gefragt. Kombinieren Sie alle möglichen Antworten und schließen Sie durch die Angaben in der Aufgabe auf die richtige Antwort.

26. Der Versicherungsvertreter

Versicherungsvertreter König klingelt an der Tür der allein erziehenden Mutter Martha, um ihr eine Versicherung zu verkaufen. Martha hat drei Kinder. Bevor Martha auf seine Versicherungsangebote eingeht, verlangt sie, dass Herr König eine Frage richtig beantwortet: „Das Produkt der Lebensjahre meiner drei Kinder ist 36. Das Alter meiner Kinder addiert ist zufällig gleich meiner Hausnummer." Herr König stöhnt auf und klagt, mit diesen Informationen könne er die Frage nicht beantworten. Martha überlegt und fügt hinzu: „Nun gut, eine weitere Information: Das älteste Kind ist ein Mädchen und gerade bei ihrer Oma." Nach kurzem Nachdenken gibt Herr König die richtige Antwort. Wie lautet sie?

Sie werden sehen: Wenn Sie Ihren Lösungsansatz strukturieren, ist die Antwort auf diese Frage nicht schwierig. Die erste Information lautet, dass Martha drei Kinder hat, deren multipliziertes Alter genau 36 ergibt.

Sammeln Sie zunächst alle Kombinationen aus drei natürlichen Zahlen, deren Produkt 36 ist. Diese Kombinationen sind:

$$(1, 2, 18), (1, 3, 12), (1, 4, 9), (2, 3, 6)$$

Da man die Möglichkeit, dass Martha Zwillinge hat, nicht ausschließen kann, muss man auch die Kombinationen berücksichtigen, bei denen zweimal dieselbe Zahl auftaucht:

$$(1, 1, 36), (1, 6, 6), (2, 2, 9), (3, 3, 4)$$

Der nächste Hinweis lautet, dass die Summe der Altersangaben der Kinder genau der Hausnummer entspricht. Die jeweiligen Summen für die oben ermittelten Kombinationen lauten: 21, 16, 14, 11, 38, 13, 13, 10. Herr König hat erst vor wenigen Minuten an der Tür geklingelt, daher wird er noch wissen, welche Hausnummer es ist. Trotzdem braucht er eine weitere Information, bevor er die Frage richtig beantworten kann. Diese ist aber offensichtlich nur nötig, wenn die Hausnummer nicht eindeutig eine der Kombinationen als die richtige identifiziert. Sonst wüsste er die Antwort auch ohne zusätzliche Informationen. Offenbar hat Marthas Haus die Nummer 13. Die Summe 13 ergibt sich für zwei Kombinationen (1, 6, 6) und (2, 2, 9), die anderen Kombinationen sind alle eindeutig und können daher ausgeschlossen werden.

Die Aussage, dass es ein ältestes Kind gibt, lüftet das Geheimnis. Unerheblich ist hingegen, dass das Kind ein Mädchen und im Moment bei der Oma ist. Es kommt jetzt nur noch eine Kombination in Frage: (2, 2, 9). Die älteste Tochter ist neun Jahre alt und ihre Geschwister sind Zwillinge, die zwei Jahre alt sind.

27. Händeschütteln

Peter und seine Frau laden drei befreundete Ehepaare zu einem gemütlichen Abendessen ein. Die Leute geben sich teilweise zur Begrüßung die Hand. Später am Abend fragt Peter aus Neugier jede Person, wie viele Male sie die Hand zur Begrüßung gegeben habe und bekommt interessanterweise von allen eine andere Antwort. Wie vielen Gästen gab Peters Ehefrau die Hand zur Begrüßung, wenn man weiß, dass keiner an diesem Abend seinem Ehepartner, sich selbst oder mehrmals der gleichen Person die Hand gab?

Die Lösung dieses Brainteasers erscheint auf den ersten Blick unmöglich. Wenn Sie die verschiedenen Kombinationsmöglichkeiten durchspielen, werden Sie jedoch feststellen, dass nach Peters Befragung zweifelsfrei feststeht, wie viele Hände seine Ehefrau geschüttelt hat. Wenn jede Person (außer Peter) unterschiedlich viele Hände schüttelt, bedeutet das, dass Peter die Antworten null, eins, zwei, drei, vier, fünf und sechs bekommen hat. Sechs ist das Maximum, da niemand seinem Partner die Hand gibt.

Die Person, die die Antwort „sechs" gegeben hat, schüttelt allen anderen Personen, außer dem Partner, die Hände. Daraus folgt, dass nur der Partner dieser Person die Antwort „null" gegeben haben kann. Denn alle anderen Gäste haben mindestens einmal die Hand geschüttelt. Diese Überlegung führt man entsprechend weiter: Die Person, die die Antwort „fünf" gegeben hat, muss der Partner der Person mit der Antwort „eins" sein. Der „Fünfer" schüttelt allen außer dem „Nuller" die Hände. Folglich kann nur der „Einser" der Partner vom „Fünfer" sein. Alle anderen haben jetzt schon mindestens zweimal Hände geschüttelt. Entsprechend ist die Person, die viermal Hände schüttelt mit der, die nur zweimal Hände schüttelt, verheiratet. Jetzt bleibt nur noch die Person übrig, die dreimal Hände geschüttelt hat. Da die anderen sechs Personen nach den Überlegungen von oben jeweils Ehepartner sind, muss diese Person Peters Frau sein.

28. Die Geburtstagsparty

Sie feiern eine große Geburtstagsparty. Insgesamt sind 78 Gäste anwesend. Da sich nicht alle Gäste kennen, werden an diesem Abend viele Hände geschüttet. Auch Sie als Gastgeber begrüßen einige Gäste mit Handschlag. Als Sie in einer ruhigen Minute das heitere Treiben in Ihrer Wohnung beobachten, kommt Ihnen plötzlich die Frage, wie hoch wohl die Wahrscheinlichkeit ist, dass es mindestens zwei Leute im Raum gibt, die einer gleichen Anzahl von Leuten die Hand gegeben haben. Es bringt nichts, die Gäste zu befragen, da die meisten nicht mehr so genau wissen, wie viele Hände sie geschüttelt haben. Kennen Sie die Lösung?

Eine lange Geschichte, die wie so oft nur wenige relevante Informationen enthält. Fangen Sie mit dem an, was Sie sicher wissen: Insgesamt sind 79 Personen im Raum. Stellen Sie hier nicht die Annahmen in Frage. In der Realität ist es zwar oft so, dass die ersten Gäste eine Party schon wieder verlassen haben, bevor die letzten überhaupt da sind, aber darum geht es hier nicht. Die erste Schwierigkeit bei dieser Aufgabe besteht darin, dass Ihnen durch die Fragestellung nahe gelegt wird, das Problem mit den Mitteln der Wahrscheinlichkeitsrechnung zu lösen. Viel einfacher ist es jedoch, wenn Sie sich der Lösung auf eine andere Art nähern: Wenn es 79 Personen gibt, dann kann jeder Gast zwischen null und 78 Hände geschüttelt haben. Intuitiv wird klar, dass die Wahrscheinlichkeit, dass zwei Personen die gleiche Anzahl Hände geschüttelt haben, sehr hoch ist. Liegt die Wahrscheinlichkeit vielleicht sogar bei 100 Prozent? (In einer einfacheren Version dieses Brainteasers wird direkt danach gefragt, ob Sie sich sicher sein können, dass mindestens zwei Personen eine gleiche Anzahl von Händen geschüttelt haben.) Intuitiv würden Sie sicher sagen, dass die Wahrscheinlichkeit nicht 100 Prozent beträgt, denn schließlich gibt es bei 79 Personen 79 mögliche Ausprägungen. Oder doch nicht? Was ist, wenn tatsächlich ein Gast so unhöflich ist, und niemandem die Hand gibt? Dann kann es auch niemanden geben, der allen die Hand gegeben hat. Umgekehrt gilt natürlich auch, dass wenn ein Gast tatsächlich alle Anwesenden per Handschlag begrüßt hat, es keinen Gast geben kann, der niemandem die Hand gegeben hat. Also gibt es tatsächlich nur 78 mögliche Ausprägungen bei 79 Personen. Es ist also sicher, dass mindestens zwei Personen eine gleiche Anzahl Hände geschüttelt haben. Übrigens unabhängig von der Anzahl der Gäste. Mathematiker sprechen hier vom Schubfach- oder Taubenschlagprinzip. Wenn es mehr Objekte als Ausprägungen gibt, muss mindestens eine Ausprägung doppelt vorkommen. Ein triviales Prinzip, das aber für die Mathematik überaus wichtig ist.

29. Der Piratenschatz

Die fünf Piraten A, B, C, D und E haben einen sagenhaften Schatz gefunden. Die Beute beträgt 100 Goldmünzen. Für die Aufteilung vereinbaren die Piraten folgende Regel: Nach alphabetischer Reihenfolge soll jeder einen Vorschlag machen, wie der Schatz aufgeteilt wird. Findet der erste Vorschlag, also der von Pirat A, keine Zustimmung von mindestens 50 Prozent der Piraten, so wird Pirat A über Bord geworfen und geht leer aus. In diesem Fall darf Pirat B einen Vorschlag machen usw. Welchen Teil des Schatzes kann Pirat A für sich höchstens fordern, um 50 Prozent der Piraten von seinem Plan zu überzeugen?

Zugegeben ist das keine ganz einfache Aufgabe für den raffgierigen Piraten A. Er würde sich mit der Lösung leichter tun, wenn er schon einmal etwas von der Spieltheorie gehört hätte. In der Sprache der Spieltheorie handelt es sich bei dieser Aufgabe um ein endliches Spiel. Sie müssen das Pferd in diesem Fall von hinten aufzäumen und sich überlegen, unter welchen Bedingungen zwei weitere Piraten einem Vorschlag von Pirat A zustimmen. Das ist genau dann der Fall, wenn diese sich nicht besser stellen könnten, selbst wenn Pirat A über Bord muss. Überlegen Sie zunächst selbst. Tipp: Fangen Sie damit an, was passiert, wenn am Schluss Pirat E alleine übrig bleibt.

Lösung: Wenn am Ende Pirat E alleine übrig bleibt, kann er natürlich den ganzen Schatz für sich beanspruchen. Wenn dagegen die Piraten D und E übrig bleiben, geht Pirat E leer aus und Pirat D erhält alles, weil Pirat D bei insgesamt zwei Piraten alleine schon 50 Prozent der Stimmen besitzt.

Komplizierter wird es dagegen in der dritten „Spielrunde", wenn am Ende die Piraten C, D und E übrig bleiben. Will Pirat C am Leben bleiben und einen möglichst großen Teil des Schatzes für sich behalten, so muss er mindestens einen der beiden anderen Piraten mit seinem Vorschlag für sich gewinnen. Das wird er bei Pirat D nicht schaffen, denn dieser bekommt schließlich alles, wenn C über Bord geht. Pirat E wird dagegen schon zustimmen, wenn er nur eine einzige Münze erhält, da er ansonsten komplett leer ausgeht. Wenn drei Piraten übrig bleiben, kann Pirat C also 99 Münzen für sich behalten, Pirat D bekommt nichts und Pirat E erhält eine Münze.
Wenn die Piraten B, C, D und E übrig bleiben, muss Pirat B nur einen der anderen Piraten auf seine Seite holen. Das geht am besten mit Pirat D, der leer ausgeht, wenn Pirat B über Bord muss. Pirat B fordert daher 99 Münzen für sich und bietet Pirat D eine Münze an. Pirat C und Pirat E gehen leer aus.

Nach diesen Vorüberlegungen kann nun die eigentliche Frage, wie viel Pirat A maximal fordern kann, leicht beantwortet werden. Pirat A muss zwei andere Piraten überzeugen. Das gelingt ihm, wenn er Pirat C und Pirat E jeweils eine Münze anbietet, da diese gar nichts bekommen würden, falls Pirat A über Bord geworfen würde. Pirat A kann also 98 Münzen für sich beanspruchen.

30. Welches Haustier?

Fünf Häuser stehen in einer Reihe nebeneinander. Jedes Haus hat eine andere Farbe. In jedem Haus wohnt eine Person mit einer anderen Nationalität. Jede Person bevorzugt ein bestimmtes Getränk, fährt ein bestimmtes Auto und hält ein bestimmtes Haustier. Keine der fünf Personen trinkt das gleiche Getränk, fährt die gleiche Automarke oder hält das gleiche Tier.

Lösungshinweise: Der Brasilianer lebt im roten Haus. Der Amerikaner hält einen Hund. Der Ägypter trinkt gerne Tee. Das grüne Haus steht links vom weißen Haus. Der Besitzer des grünen Hauses trinkt Kaffee. Die Person, die den Golf fährt, hat einen Vogel. Der Mann, der im mittleren Haus wohnt, trinkt Milch. Der Besitzer des gelben Hauses fährt Opel. Der Chinese wohnt im Haus ganz links außen. Der Ford-Besitzer wohnt neben dem, der eine Katze hält. Der Mann der ein Pferd hält, wohnt neben dem, der einen Opel fährt. Der Mercedes-Fahrer trinkt gerne Bier. Der Chinese wohnt neben dem blauen Haus. Der Deutsche fährt einen Audi. Der Ford-Fahrer hat einen Nachbarn, der Wasser trinkt.

Wem gehört der Fisch?

Die zahlreichen Hinweise führen Sie zu dem richtigen Ergebnis. Dazu müssen Sie Verbindungen zwischen den einzelnen Komponenten herstellen und durch Folgerungen ableiten, was man ausschließen kann, oder was richtig ist. Mit Hilfe von Tabellen, in denen Sie jeweils zwei Komponenten gegenüberstellen, z. B. Nationalität und Haustier oder Automarke und Farbe des Hauses, kommen Sie strukturierter und leichter ans Ziel. Insgesamt benötigen Sie 15 Tabellen. Markieren Sie die Kombinationen, die laut der Hinweise möglich bzw. unmöglich sind. Die Aussage „Der Brasilianer lebt im roten Haus." schließt die Kombinationen

Brasilianer – gelbes Haus, Brasilianer – blaues Haus, Brasilianer – grünes Haus, Brasilianer – weißes Haus, aus. Nach und nach können Sie die Tabellen immer weiter ausfüllen.

Beispiel: Nationalität und Haustier

	Fisch	**Hund**	**Katze**	**Vogel**	**Pferd**
Ägypter		Nein			
Amerikaner	Nein	**Ja**	Nein	Nein	Nein
Brasilianer		Nein			
Chinese		Nein			
Deutscher		Nein			

Die richtigen Kombinationen lauten (Haus 1 steht links außen, Haus 5 rechts außen):

Haus	**Farbe**	**Nationalität**	**Haustier**	**Getränk**	**Auto**
1	Gelb	Chinese	Katze	Wasser	Opel
2	Blau	Ägypter	Pferd	Tee	Ford
3	Rot	Brasilianer	Vogel	Milch	Golf
4	Grün	**Deutscher**	**Fisch**	Kaffee	Audi
5	Weiß	Amerikaner	Hund	Bier	Mercedes

Die Antwort auf die Frage lautet: Der Fisch gehört dem Deutschen. Bei solchen Fragen können Sie mit dem Ausfüllen der Tabellen natürlich aufhören, sobald Sie die Frage beantworten können. In diesem Beispiel ist die Frage jedoch so gestellt, dass sich die Antwort erst am Schluss ergibt.

Es ist eher unwahrscheinlich, dass Sie in einem Interview mit einem Brainteaser dieser Art konfrontiert werden. Zwar kann damit sehr gut getestet werden, ob Sie Fakten erfassen und Lösungen organisieren können. Jedoch ist die Beantwortung solcher Logikrätsel zu zeitaufwändig, als dass sie in ein Gespräch eingebaut werden könnten.

Kapitel 3: Trial and Error

Häufig lassen sich Brainteaser nicht nach einem mathematischen oder logischen Muster lösen. Dies gilt oft und gerade auch dann, wenn nach Zahlengrößen gefragt ist. Ein Beispiel:

31. Rechenspiele

Sie sollen die Zahl 21 aus den Zahlen 1, 5, 6 und 7 errechnen. Alle diese Zahlen müssen in der Gleichung genau einmal vorkommen. Sie dürfen nur die vier Grundrechensymbole (+, -, x, /) sowie Klammern verwenden. Aus 1 und 5 dürfen Sie nicht 1,5 machen. Einfach nur Rechnen. Also zum Beispiel: 1+5+6+7 = 19 oder 5 x (7 - 6 + 1) = 10.

Bei einer derartigen Aufgabe ist es kaum möglich, einen Lösungsansatz zu entwickeln, der sicher zum Ziel führt. Sie können hier einfach wild darauf los rechnen, vielleicht haben Sie Glück und haben nach wenigen Versuchen die richtige Lösung parat. Vielleicht tappen Sie aber nach etlichen Versuchen immer noch im Zahlendickicht umher und kommen der gesuchten Gleichung kein Stück näher.

Ein kleiner Tipp, wie Sie in diesem Fall die Rechenarbeit ein wenig reduzieren können: Strukturieren Sie Ihren Lösungsansatz und suchen Sie in mehreren Schritten nach dem Ergebnis. Sie können zum Beispiel direkt sehen, dass man durch Zusammenzählen nicht auf 21 kommt. Es muss auf jeden Fall eine Multiplikation in der Rechnung vorkommen. Sie können sich überlegen, wie man die Zahl 21 generell bilden kann. Etwa 2 x 10,5 oder 3 x 7 usw. Probieren Sie dann aus, ob Sie diese Faktoren aus den vorgegebenen Zahlen bilden können.

Lösungsvorschlag:

$$6 \div \left(1 - \frac{5}{7}\right) = 21$$

Um Zahlen dreht es sich auch in diesem Brainteaser:

32. Sanduhren

Ein Mann besitzt zwei Sanduhren. Die eine Sanduhr braucht fünf Minuten, um einmal durchzulaufen. Die andere Sanduhr braucht sieben Minuten. Der Mann möchte mit Hilfe der Sanduhren 13 Minuten stoppen. Wie macht er das?

Wieder ein Brainteaser, bei dem man spontan denkt, dass eine Lösung unmöglich ist. Doch so, wie die Aufgabe formuliert ist, können Sie sicher sein, dass es einen Weg gibt, der zum Ziel führt. Wie geht man dieses Problem am besten an? Sie sehen, dass es irgendeinen Kniff geben muss. Überlegen Sie, wie man die beiden Sanduhren einsetzen könnte, um damit noch andere Uhrzeiten zu ermitteln als nur fünf, sieben, zehn oder auch zwölf oder 14 Minuten.

Man kann mit den beiden Sanduhren zum Beispiel zwei Minuten abmessen, indem man beide Uhren gleichzeitig startet: Wenn die Fünf-Minuten-Uhr abgelaufen ist, verbleiben noch zwei Minuten, bis auch die Sieben-Minuten-Uhr abgelaufen ist. Alles klar? Noch ein Beispiel: Wenn Sie beide Uhren gleichzeitig starten und die Fünf-Minuten-Uhr gleich wieder umdrehen, nachdem sie durchgelaufen ist, verbleiben, wenn die Sieben-Minuten-Uhr durch ist, noch drei Minuten, bis die Fünf-Minuten-Uhr zum zweiten Mal abgelaufen ist. Probieren Sie jetzt aus, wie man die Zeit von 13 Minuten stoppen kann!

Unser Lösungsvorschlag, der nicht der einzig richtige sein muss: Der Mann startet beide Uhren gleichzeitig. Er dreht die Fünf-Minuten-Uhr erneut um, sobald sie durchgelaufen ist und wartet, bis die Sieben-Minuten-Uhr durchgelaufen ist. Nun sind sieben Minuten vorüber und auf der Fünf-Minuten-Uhr verbleiben noch drei Minuten. Jetzt dreht er die Sieben-Minuten-Uhr gleich wieder um und wartet, bis die Fünf-Minuten-Uhr durchgelaufen ist. Insgesamt sind dann zehn Minuten vorbei und auf der Sieben-Minuten-Uhr verbleiben noch vier Minuten.

Jetzt kommt der Kniff: Der Mann dreht die Sieben-Minuten-Uhr, auf der noch vier Minuten verbleiben (und die also schon seit drei Minuten läuft), direkt wieder um. Nachdem er die Uhr umgedreht hat, braucht diese noch drei Minuten, bis sie abgelaufen ist. Damit hat der Mann 13 Minuten gestoppt.

33. Wasser schöpfen

Berta soll versuchen, aus einem Brunnen einen Liter Wasser zu schöpfen. Sie hat jedoch nur einen Fünf-Liter-Kanister und einen Drei-Liter-Kanister dabei. Kann Berta mit nur zwei Versuchen genau einen Liter Wasser schöpfen?

Die Lösung dieses Brainteasers funktioniert nach einem ähnlichen Prinzip wie bei der letzten Aufgabe. Der Trick an der Lösung ist, dass man nicht versucht mit den beiden Kanistern nur einen Liter Wasser zu schöpfen, sondern mehr als einen Liter.

Berta geht so vor: Sie nimmt den Drei-Liter-Kanister, füllt ihn ganz und schüttet diese Wasser anschließend in den Fünf-Liter-Kanister. Der Drei-Liter-Kanister wird nun noch einmal gefüllt. Dieses Wasser wird dann in den Fünf-Liter-Kanister umgefüllt bis dieser voll ist. Da im Fünf-Liter-Kanister bereits drei Liter aus dem ersten Schöpfvorgang vorhanden sind, ist der Kanister voll, wenn im Drei-Liter-Kanister noch genau ein Liter verbleibt. Falls Berta kein Wasser verschüttet hat, hat sie es geschafft, mit nur zweimaligem Schöpfen genau einen Liter Wasser abzumessen.

34. Flucht aus der Höhle

Vier Personen sind in einer Höhle und können nur durch einen Tunnel wieder hinaus ins Freie. Sie haben nur eine einzige Kerze. Ohne das Kerzenlicht würden sie sich verlaufen und den Weg nach draußen nicht finden. Die Kerze hat eine Brenndauer von 60 Minuten und es können immer nur zwei Personen gleichzeitig gehen. Die vier Personen laufen unterschiedlich schnell und brauchen daher für die Durchquerung des Tunnels unterschiedlich lange:

Person 1 benötigt 5 Minuten.
Person 2 benötigt 10 Minuten.
Person 3 benötigt 20 Minuten.
Person 4 benötigt 25 Minuten.

Gehen zwei Personen zusammen, können sie nur das Tempo der langsameren Person gehen. Schaffen die vier es, wieder ins Freie zu gelangen? Wenn ja, wie?

Die Frage ist knifflig formuliert, da offen ist, ob alle Personen aus der Höhle entkommen können. Lassen Sie sich davon nicht irritieren, sondern gehen Sie davon aus, dass es eine Lösung gibt. Probieren Sie es aus!

An diesem Brainteaser können Sie nicht nur gut sehen, wie Sie sich durch Trial-and-Error einer Lösung nähern können, sondern auch, wie wichtig es ist, „out-of-the-box" zu denken. Wahrscheinlich waren Sie schon so geschickt, und haben zuerst eine langsame Person mit einer schnellen zusammen losgeschickt, am besten Person 1 mit Person 4, damit beim Zurücklaufen nicht so viel Zeit verloren geht. Beim weiteren Probieren werden Sie aber sehen, dass die vier immer mehr als 60 Minuten benötigt werden, wenn zuerst die schnellste mit der langsamsten Person losgeht.

Die richtige Lösung sieht so aus:

Aktionen	**Benötigte Zeit**	**Vergangene Zeit**
Person 1 und 2 gehen raus	10 Minuten	10 Minuten
Person 1 läuft zurück	5 Minuten	15 Minuten
Person 3 und 4 gehen raus	25 Minuten	40 Minuten
Person 2 läuft zurück	10 Minuten	50 Minuten
Person 1 und 2 gehen raus	10 Minuten	60 Minuten

Sie sehen: Es ist möglich, dass alle vier Personen in 60 Minuten mit nur einer Kerze aus der Höhle ins Freie kommen. Was ist das Besondere an der Lösung? Worüber stolpern viele? Das Besondere an der Lösung ist, dass im dritten Schritt die Personen 3 und 4 gemeinsam aus der Höhle laufen, während Person 1, die gerade erst draußen war, erst einmal wieder in der Höhle verharrt. Die vier können nur entkommen, wenn die beiden langsamsten Personen gemeinsam gehen und den Weg auch nur einmal gehen müssen. Person 4 ist am langsamsten und benötigt 25 Minuten. Also „koppelt" man Person 3 an sie, damit die 20 Minuten, die sie braucht, nicht an anderer Stelle Zeit rauben. Im vierten Schritt läuft Person 2 zurück in die Höhle, denn Person 2 braucht nur 10 Minuten und ist damit die schnellste der sich schon vor der Höhle befindenden Personen.

Nach einem ähnlichen Muster ist auch der folgende Brainteaser aufgebaut:

35. Die Kannibaleninsel

Es gibt zwei Inseln, auf der einen sind drei Mönche, auf der anderen sind drei Kannibalen. Die Kannibalen haben ein Boot, in das maximal zwei Personen passen. Wie kommen alle Mönche auf die andere Insel? Es dürfen aber niemals die Kannibalen auf einer Insel in der Überzahl sein, da sie sonst die Mönche fressen würden.

Hier haben Sie wieder die Einschränkung, dass maximal zwei Personen gleichzeitig befördert werden können. Die Mönche und Kannibalen in dieser Aufgabe stehen aber nicht unter Zeitdruck. Sie können das Boot beliebig oft fahren lassen. Fangen Sie nicht an, hier nach einer logisch aufgebauten Lösung zu suchen, sondern beachten Sie die Restriktionen aus der Aufgabenstellung und lassen Sie das Boot in Gedanken einfach einmal losfahren. Sie werden es schnell merken, wenn Ihre Idee nicht hinhaut und die bedauernswerten Mönche von den Kannibalen gefressen werden. Dann hilft nur eines: noch mal von vorne anfangen.

Der Schlüssel zur Lösung ist, dass man zuerst einen Kannibalen alleine mit dem Boot losschicken muss. Anschließend fahren zwei Mönche auf die Insel der Kannibalen. So sind die Kannibalen auf keiner der Inseln in der Überzahl. Jetzt muss man einen Mönch zusammen mit einem Kannibalen losschicken, obwohl dieser Mönch eigentlich schon am Ziel war! Andernfalls würde der dritte Mönch, der ja alleine mit dem dritten Kannibalen noch auf der Insel der Mönche ist, gefressen werden. Der Kannibale muss aber auch mit ins Boot, da sonst der Mönch auf der anderen Insel in der Unterzahl wäre. Zum Schluss setzen die beiden Mönche auf die andere Insel über. Damit ist die Aufgabe gelöst.

Und ebenfalls der nächste Brainteaser funktioniert nach dem gleichen Prinzip.

36. Der Hirte

Ein Hirte steht an einem Fluss, den er auf einem kleinen Boot überqueren möchte. Er hat einen Wolf, eine Ziege und einen Kohl bei sich. Der Hirte muss mehrmals fahren, da in dem kleinen Boot immer nur er und entweder der Wolf, die Ziege oder der Kohl Platz hat. Es gibt jedoch ein kleines Problem: Wenn er den Wolf mit der Ziege alleine lässt, wird die Ziege vom Wolf gefressen. Lässt der Hirte die Ziege mit dem Kohl unbeaufsichtigt, dann macht sich die Ziege über den Kohl her. Wie schafft es der Hirte, alles heil ans andere Flussufer zu transportieren?

Wer ein bisschen herumprobiert, wird feststellen, dass es nicht so schwer ist, zu einer Lösung zu kommen. Zu beachten ist, dass der Hirte nicht mehrere Sachen auf einmal mitnehmen kann. Außerdem darf der Wolf niemals mit der Ziege alleine sein und die Ziege niemals mit dem Kohl. Der Wolf mag offenbar keinen Kohl, kann also mit diesem alleine gelassen werden. Lösung: Der Hirte fährt zuerst mit der Ziege ans andere Ufer, dann holt der den Wolf ab. Wenn er diesen am Ziel absetzt, muss er die Ziege wieder mit zurück nehmen, da der Wolf sie sonst fressen würde. Er setzt die Ziege wieder am Ausgangspunkt ab und bringt den Kohl ans andere Ufer. Zuletzt holt er die Ziege ab. Der Trick bei dieser Aufgabe ist, dass die Ziege wieder mit zurück muss, nachdem sie bereits am anderen Ufer war.

Sie sollten bei solchen Brainteaser immer den vorgegebenen Rahmen einhalten und nicht nach besonders kreativen Lösungen suchen. Man könnte hier zwar auch auf die Idee kommen, den Kohl einfach ans andere Ufer zu werfen oder das Schaf anzuketten. Das ist hier aber mit Sicherheit nicht gemeint.

37. Zug verpasst

Heiner rennt nachmittags zum Bahnhof, aber leider ist er zu spät dran. Verärgert schaut er auf seine Uhr und stellt fest, dass er den Zug um fünf Minuten verpasst hat. Außerdem bemerkt er, dass nun der Stundenzeiger genau dreimal länger braucht um auf die Sechs zu kommen als der Minutenzeiger. Wie auch immer, es bleibt ihm nichts anderes übrig als auf den nächsten Zug um 17:00 Uhr zu warten. Wann wäre sein Zug gefahren?

Dieser Brainteaser ist ein Musterbeispiel dafür, wie Sie sich durch schrittweises Vorgehen mit der „Trial-and-Error"-Methode der richtigen Lösung nähern können. Überlegen Sie zunächst, welche Informationen Sie aus dem Aufgabentext haben, um den ungefähren Zeitraum zu bestimmen, in dem Heiners Zug gefahren wäre. Als Heiner auf die Uhr schaut, ist es auf jeden Fall nachmittags und spätestens kurz vor 17:00 Uhr. Der Minutenzeiger einer Uhr braucht höchstens eine Stunde, um auf die Sechs zu kommen. Da der Stundenzeiger dreimal so lange bis zur Sechs braucht, kann es frühestens 15:00 Uhr sein. Der Zug kann aber auch nicht zwischen 15:00 Uhr und 15:30 Uhr gefahren sein, da in diesem Zeitraum der Minutenzeiger höchstens 30 Minuten, der Stundenzeiger aber mindestens 150 Minuten bis zur Sechs braucht. Es muss also auf jeden Fall später sein. Es kann aber nicht später als 16:30 Uhr sein, da dann der Stundenzeiger höchstens noch 90 Minuten bis zur Sechs braucht, der Minutenzeiger aber mehr als 30 Minuten, da um 17:00 Uhr ja schon der nächste Zug kommt. Es kommt also nur noch der Zeitraum zwischen 15:30 Uhr und 16:30 Uhr in Frage.

Nächster Schritt: Im Zeitraum, der als mögliche Lösung in Frage kommt, braucht der Stundenzeiger noch mindestens 90 Minuten bis zur Sechs (um 16:30 Uhr) und höchstens noch 150 Minuten (um 15:30 Uhr). Das bedeutet, dass der Minutenzeiger mindestens noch 30 Minuten, höchstens noch 50 Minuten bis zur Sechs braucht. Die Lösung muss also zwischen 15:40 Uhr und 16:00 Uhr liegen. Wenn Sie jetzt noch ein bisschen weiter herumprobieren, sehen Sie, dass Heiner genau um 15:45 Uhr auf die Uhr geschaut haben muss. Sein Zug wäre also um 15:40 Uhr gefahren.

38. Schifffahrt

In einem Hafen haben vier Schiffe festgemacht. Am Mittag des 2. Januar 1953 verlassen sie gleichzeitig den Hafen. Es ist bekannt, dass das erste Schiff alle vier Wochen in diesen Hafen zurückkehrt, das zweite Schiff alle acht Wochen, das dritte alle 12 Wochen und das vierte alle 16 Wochen. Wann treffen alle Schiffe das erste Mal wieder in diesem Hafen zusammen?

Gesucht ist hier das kleinste gemeinsame Vielfache von vier, acht, zwölf und 16. Falls Sie die mathematische Formel nicht kennen, sollte Ihnen die Lösung trotzdem keine Schwierigkeiten bereiten. Probieren Sie einfach durch, wann die Schiffe jeweils wieder im Hafen eintreffen. Die beiden Schiffe, die vier und acht Wochen unterwegs sind, spielen für die Überlegungen keine Rolle, da vier und acht in zwölf und 16 enthalten sind. Das Schiff, das am längsten unterwegs ist, kommt nach 16, 32, 48, usw. Wochen wieder zurück in den Hafen. Das Schiff, das immer 12 Wochen lang auf See ist, trifft nach zwölf, 24, 36, 48, usw. Wochen ein. Jetzt haben Sie die Lösung schon gefunden: Die Schiffe treffen nach 48 Wochen zum ersten Mal wieder zusammen im Hafen ein.

39. Die Busfahrt

Zwischen Köln und Bonn verkehrt ein Linienbus. Für die Fahrt von Köln nach Bonn benötigt der Bus 50 Minuten. In Bonn machen die Busse immer zehn Minuten Pause und fahren anschließend auf der gleichen Route wieder nach Köln zurück. Auch für die

Rückfahrt brauchen sie 50 Minuten. Die Busse fahren im 20-Minuten-Takt von Köln los. Wie viele Busse kommen Ihnen auf einer Busfahrt von Köln nach Bonn entgegen? Staus gibt es auf dieser Strecke nie.

Grundsätzlich gibt es vier Lösungsansätze, mit denen die Frage richtig beantwortet werden kann. Bewerber, die mit solchen Brainteasern konfrontiert werden, stellen häufig die Bedingungen aus der Aufgabenstellung in Frage oder treffen zusätzliche Annahmen. Das sollten Sie auf keinen Fall tun! Gehen Sie unbedingt davon aus, dass es mit den vorhandenen Informationen möglich ist, eine eindeutige Lösung des Brainteasers zu präsentieren. Sie müssen hier nicht wissen, wie schnell die Busse fahren und auch nicht, ob sie auf einer Strecke immer mit einer konstanten Geschwindigkeit unterwegs sind. Es ist außerdem vollkommen irrelevant, ob die Busse vielleicht in Köln auch noch eine Pause einlegen.

Sie können hier verschiedene Lösungswege ausprobieren und dann prüfen, ob Sie damit ans Ziel kommen. Am einfachsten ist es, wenn Sie sich die Situation bei der Abfahrt in Köln auf einem Zeitstrahl aufmalen und aufzeichnen, wo sich auf diesem Zeitstrahl die Busse befinden, die vor Ihrem Bus in Köln losgefahren sind. Sie werden sehen, dass zusätzlich zu dem Bus, mit dem Sie fahren, zum Zeitpunkt Ihrer Abfahrt fünf weitere Busse unterwegs sind. Jetzt können Sie durchspielen, was passiert, wenn Ihr Bus losfährt. Sie werden sehen, dass Ihnen alle fünf Busse, die auf der Strecke sind, unterwegs auch begegnen.

Sie können sich der Lösung auch verbal nähern. Nehmen Sie zum Beispiel an, dass Ihr Bus um 10:00 Uhr in Köln losfährt. Dann kommt er um 10:50 Uhr in Bonn an. Der Bus vorher ist also um 9:40 Uhr in Köln losgefahren, kommt um 10:30 Uhr in Bonn an und fährt um 10:40 Uhr wieder in Bonn los. Diesen Bus sehen Sie also unterwegs auf der Strecke. Entsprechend können Sie das für die früher abgefahrenen Busse durchspielen. Auch auf diesem Weg kommen Sie auf fünf Busse. Den 8:00-Uhr-Bus, das wäre der sechste, sehen Sie nicht mehr. Er kommt nämlich um 9:50 Uhr bereits wieder in Köln an. Zu diesem Zeitpunkt ist ihr Bus noch gar nicht unterwegs.

40. Die Brotfabrik

Eine Maschine in einer Brotfabrik formt aus 100 Gramm Teig ein Brot. Beim Herstellungsprozess bleibt jedoch immer ein wenig Teig übrig. Nach jedem fünften Brot, das die Maschine verarbeitet hat, bleibt so viel Teig übrig, dass daraus ein zusätzliches Brot geformt werden kann. Wie viele Brote können aus zweieinhalb Kilo Teig gewonnen werden?

Entscheidend für die Lösung dieses Brainteasers ist, dass Sie die relevanten Größen nicht durcheinander bringen. Eine Maschine braucht zwar 100 Gramm Teig, um ein Brot formen zu können. Beim Herstellungsprozess bleibt aber immer ein Teigrest übrig, so dass das fertige Brot weniger als 100 Gramm wiegt. Offensichtlich kann die Maschine also aus zweieinhalb Kilo Teig mehr als 25 Brote formen.

Das sieht sehr nach einem mathematischen Problem aus, und vermutlich gibt es dafür auch eine formale mathematische Lösung. Einfacher können Sie diesen Brainteaser jedoch lösen, wenn Sie die Situation einfach einmal gedanklich durchspielen: Im ersten Durchgang formt die Maschine aus zweieinhalb Kilo Teig 25 Brote. Dabei bleibt so viel Teig übrig, wie die Maschine zum Formen von fünf (25/5) Broten benötigt, also 500 Gramm. Im zweiten Durchgang können also fünf weitere Brote geformt werden. Dabei bleibt wiederum so viel Teig übrig, wie für das Formen eines weiteren Brotes benötigt wird. Insgesamt kann die Maschine also aus zweieinhalb Kilo Brot 31 Brote herstellen. Einen Bonus gibt es, wenn Sie noch erwähnen, dass am Ende 20 Gramm Teig übrig bleiben.

41. Das Vorstellungsgespräch

In einem Vorstellungsgespräch bietet Ihnen der Personalchef folgendes Spiel an: „Wir addieren ausgehend von der Zahl zehn immer abwechselnd eine Zahl zwischen eins und zehn auf die neue Summe. Wer am Ende auf genau 100 addiert hat gewonnen. Ich fange an, um Ihnen das zu demonstrieren: Also 10+2=12. Das ist mein erster Zug. Nun ist es an Ihnen." Können Sie das Spiel gewinnen?

Probieren Sie es aus und gehen Sie dabei rückwärts vor. Wie muss das Spiel verlaufen, damit Sie am Ende eine Chance auf den Sieg haben? Sie gewinnen das Spiel, wenn vor Ihrem letzten Zug mindestens die Zahl 90 erreicht ist. Wenn vor Ihrem letzten Zug dagegen die Zahl 89 steht, dann verlieren Sie das Spiel auf jeden Fall, da Sie mindestens eins und höchstens zehn hinzu addieren dürfen. Überlegen Sie jetzt, ob es Ihr Gegner schaffen kann, dass er mit seinem vorletzten Zug genau auf 89 kommt.

Lösung: Es gibt keine Möglichkeit für Sie, das Spiel zu gewinnen. Sie können unendlich viele Strategien ausprobieren: Egal, was für Zahlen Sie addieren, Ihr Gegenspieler wird im Gegenzug immer so setzen, dass die Summe aus Ihrer und seiner Zahl nach jeder Runde gleich elf ist. Addieren Sie zum Beispiel bei Ihrem ersten Zug 12+5=17, dann addiert Ihr Gegner 6 hinzu, so dass nach der ersten Runde 23 herauskommt. Nehmen Sie dagegen zum Beispiel nur eine Eins, dann nimmt er eine Zehn und es bleibt in der Summe wieder 23 stehen. Nach der nächsten Runde bleibt, egal was Sie machen, die 34 stehen, dann die 45, usw. Mit dieser Strategie schafft es Ihr Gegner, dass Sie vor Ihrem letzten Zug immer 89 stehen haben. Sie verlieren das Spiel also immer.

Kapitel 4: „Out-of-the-box"-Denken

Rote, blaue und grüne Kugeln, Geschwindigkeiten, Uhrzeiten oder Gewichtsangaben verdecken bei vielen Brainteasern den Blick auf das Wesentliche. Durch komplizierte Formulierungen oder überflüssige Details wird der Bewerber gezielt aufs Glatteis geführt. In manchen Fällen wird man durch das Auslassen von Angaben auf eine falsche Fährte geleitet. Für die Brainteaser in dieser Kategorie gilt daher: aufmerksam lesen und bei der Lösung auch mal um die Ecke denken. Nach dem Prinzip: Alles was nicht verboten ist, ist ein möglicher Lösungsansatz. Den gesunden Menschenverstand einsetzen, kreativ sein und über den vorgegebenen Rahmen hinwegsehen. Nichts ist unmöglich in der Theorie, auch wenn es in der Realität nicht klappt. Aber Achtung: Das soll natürlich nicht heißen, dass Sie die Fragen im Bewerbungsgespräch nicht ernst nehmen sollten. Nicht hinter jeder Frage steckt ein Trick. Die Brainteaser in diesem Kapitel zeigen jedoch besonders gut, dass Sie stets wachsam sein sollten.

42. Die Strickleiter

X

Eine Strickleiter hängt außen an einem Schiffsrumpf herab. Die Leiter ist insgesamt drei Meter lang. Der Abstand zwischen den Sprossen der Leiter beträgt 25 Zentimeter. Nun setzt die Flut ein und das Wasser steigt pro Stunde um fünf Zentimeter. Wie lange dauert es, bis die unteren vier Sprossen der Leiter unter Wasser sind?

Dieser Brainteaser ist ein Musterbeispiel dafür, wie wichtig es ist, nützliche von nutzlosen Informationen zu unterscheiden. Die Fragestellung enthält verschiedene Hinweise zu Längen und Geschwindigkeiten. Dadurch wird dem Bewerber nahe gelegt, dass er die Aufgabe mit einer einfachen

Rechnung lösen kann. Wer einmal angefangen hat, sich im Detail mit einer mathematischen Lösung zu beschäftigen, wird davon nicht so schnell wieder abrücken wollen. Dabei ist die Lösung viel einfacher: Die Leiter wird niemals unter Wasser sein. Schließlich ist sie fest mit dem Schiff verbunden. Und das geht bekanntlich nicht unter, wenn das Wasser steigt. Also: Lassen Sie sich nicht zu schnell zu einem bestimmten Lösungsansatz verleiten, sondern prüfen Sie immer zuerst genau die Informationen, die Ihnen zur Verfügung stehen.

43. Socken-Chaos

Lisa hat verschlafen und muss sich beeilen, denn sie hat um 8:00 Uhr ein wichtiges Vorstellungsgespräch. In ihrem Schlafzimmer ist die Glühbirne kaputt und es ist daher stockdunkel. Lisa ist nicht sehr ordentlich und hat Ihre Socken alle einzeln in einem Wäschekorb liegen, 52 schwarze und 46 weiße. Wie viele Socken muss Lisa im Dunkeln herausziehen, um sicher ein Paar gleichfarbige Socken zu erhalten?

Der erste Satz enthält keine Information, die für die Lösung der Aufgabe notwendig ist. Durch die Formulierung wird lediglich suggeriert, dass man sich unter Zeitdruck schnell entscheiden muss. Als Leser haben Sie jedoch alle Zeit der Welt. Ebenso ist die Zahl der Socken in diesem Fall vollkommen irrelevant. Es ist unerheblich, ob in Lisas Korb 52, 46 oder 200 Socken liegen. Viel wichtiger ist die Tatsache, dass Lisas Socken nur zwei Ausprägungen haben können: Eine Socke ist entweder schwarz oder weiß. Spätestens nach drei Ziehungen hat Lisa daher das Ziel erreicht, ein Paar gleichfarbige Socken in den Händen zu halten.

Nach Socken sind jetzt Knöpfe an der Reihe:

44. Bunte Knöpfe

Sandra steht vor drei Stoffsäcken, die mit Knöpfen gefüllt sind. An jedem Sack hängt ein kleines Schild. Sack 1 ist mit „Rote Knöpfe", Sack 2 mit „Rote und blaue Knöpfe" und Sack 3 mit „Blaue Knöpfe" beschriftet. Leider sind die Säcke alle falsch beschriftet, weil die Schilder vertauscht wurden. Sandra darf einen Sack auswählen, aus dem ihr ein einziger Knopf gezeigt wird. Welchen Sack muss Sandra wählen, um allen drei Säcken die richtigen Schilder zuordnen zu können?

Die Lösung lautet: Sandra muss Sack 2 wählen. Da die Säcke falsch beschriftet sind, weiß sie, dass es ein Sack ist, in dem sich nur Knöpfe einer Farbe befinden. Angenommen, Sandra zieht einen roten Knopf, so steht fest: Sack 2 enthält rote Knöpfe. Da alle Säcke falsch beschriftet sind, ist Sandra somit klar: Sack 1 enthält nur blaue Knöpfe und in Sack 3 sind rote und blaue Knöpfe gemischt. Zieht Sandra zuerst einen blauen Knopf, so ändert sich die Zuordnung der richtigen Schilder zu den Säcken entsprechend. Die entscheidende Information in diesem Brainteaser ist, dass nicht etwa nur zwei, sondern auf jeden Fall alle drei Säcke falsch beschriftet sind. Ohne diese Information können Sie die Aufgabe nicht lösen. Beim Lesen der Aufgabe kann es jedoch leicht passieren, dass man das kleine, aber doch so wichtige Wort „alle" übersieht oder für unwichtig hält.

45. Brennende Seile

Theo hat zwei Seile, die jeweils in einer Stunde ganz abbrennen. Die Geschwindigkeit, mit der die Seile abbrennen, ist nicht konstant. Beispielsweise können nach drei Minuten bereits 80 Prozent des einen Seils abgebrannt sein, während das andere

Seil in derselben Zeit nur zu 20 Prozent abgebrannt ist. Wie kann Theo mit den beiden Seilen genau 45 Minuten abmessen?

Die Information, dass die Seile nicht mit einer konstanten Geschwindigkeit abbrennen, kann leicht zu der Schlussfolgerung verleiten, dass man die Seile nicht miteinander vergleichen kann. Da jedoch die Gesamtbrennzeit für beide Seile gleich ist (genau eine Stunde) ist ein Vergleich sehr wohl möglich. Darüber hinaus müssen Sie erkennen, dass man die Seile nicht nur von einer Seite anzünden kann, und dass man die beiden Seile nicht zum gleichen Zeitpunkt abbrennen muss.

Die Lösung lautet: Theo zündet beide Seile gleichzeitig an. Das erste Seil an beiden Enden, das zweite nur von einer Seite. Ist das erste Seil vollständig abgebrannt, ist eine halbe Stunde vergangen. Zu diesem Zeitpunkt zündet er das zweite Seil auch an der Seite an, an der es noch nicht brannte. Die restliche halbe Stunde, die das zweite Seil noch brennen würde, wird dadurch halbiert. Die verbleibende Brenndauer des zweiten Seils beträgt daher genau noch 15 Minuten. Dabei ist es egal, ob nach einer halben Stunde erst 20 oder vielleicht schon 80 Prozent des Seils abgebrannt sind. Insgesamt sind nach dem kompletten Verbrennen des zweiten Seils genau 45 Minuten vergangen.

Bleiben wir beim „Licht", kommen nun aber vom Feuer zu Glühbirnen: Eine Glühbirne ist für die Beleuchtung eines Raumes zuständig. Sie hat aber noch eine zusätzliche Eigenschaft, mit deren Hilfe Sie den folgenden Brainteaser lösen können.

46. Die Glühbirne

In einem geschlossenem Raum hängt eine Glühbirne. Draußen gibt es drei Schalter, von denen einer für die Glühbirne im Inneren des Raums verantwortlich ist. Leo soll nun herausfinden, mit

welchem Schalter die Glühbirne angemacht werden kann. Leo darf den Raum aber nur einmal betreten. Ob im Raum Licht brennt, kann man von der Stelle, an der sich die Schalter befinden, nicht sehen. Wie kann Leo trotzdem herausfinden, welcher Schalter der richtige ist?

Der Trick an der Aufgabe: Leo darf nur einmal nachsehen, welche Birne brennt. Ob die Birne geleuchtet hat oder nicht, kann man jedoch nicht nur mit den Augen überprüfen! Eine Glühbirne strahlt Wärme aus, wenn sie längere Zeit gebrannt hat. Nutzen Sie diese Eigenschaft für die Lösung des Brainteasers.

Leo beginnt mit Schalter Nr. 1. Er schaltet Nr. 1 ein und wartet einige Minuten. Bevor er den Raum betritt schaltet er Nr. 1 wieder aus und legt den Schalter Nr. 2 um. Betritt Leo nun den Raum, kann die Glühbirne drei Ausprägungen haben: sie ist warm, sie brennt, sie ist kalt. Je nach dem, welche Ausprägung Leo beobachtet, weiß er, welches der richtige Schalter ist. Der einfachste Fall: Die Lampe brennt. Da Leo, bevor er in den Raum eingetreten ist, den Schalter Nr. 2 umgelegt hat, ist dieser der richtige. Zweiter Fall: Die Lampe ist warm. Daraus schließt Leo, dass Schalter Nr. 1 der richtige ist. Ist die Lampe kalt, kann nur Schalter Nr. 3 der richtige sein.

47. Gott und Teufel

Was ist mächtiger als Gott, noch böser als der Teufel? Die Armen haben es, die Reichen brauchen es. Und wer es isst, stirbt daran.

Angeblich konnten in einer Umfrage 80% der befragten Kindergärtnerinnen die Frage richtig beantworten, jedoch nur 17% der befragten Stanford-Studenten. Die Antwort ist so einfach, dass viele sie nicht in Betracht ziehen. Die Antwort lautet: Nichts. Setzen Sie das Wort „Nichts" ein und das Rätsel wird auf einmal kinderleicht.

48. Die Operation

Bei einer Expedition stürzen drei Teilnehmer schwer. Sie müssen dringend operiert werden. Zum Glück nimmt auch ein Arzt an der Expedition teil. Der hat jedoch nicht damit gerechnet, dass auf der Reise ein derartiges Unglück passieren würde und hat nur zwei Paar OP-Handschuhe dabei. Wie kann er die drei Verletzten operieren, ohne eine Infektion für sich oder die Patienten zu riskieren? Selbstverständlich braucht der Arzt immer beide Hände zum Operieren.

Ähnlich wie beim letzten Brainteaser gilt es auch hier wieder, eine Eigenschaft zu erkennen, die auf den ersten Blick vielleicht nicht ersichtlich ist. In diesem Fall ist der Schlüssel zur Lösung, dass ein Handschuh zwei Seiten hat. Die Lösung: Der Arzt zieht beide Paar Handschuhe übereinander an. Dann operiert er den ersten Verletzten. Nach der Operation zieht er das äußere Paar aus. Nun operiert er den zweiten Verletzten. Anschließend nimmt er das Paar, mit dem er die erste Operation durchgeführt hat, dreht es um und zieht es über die Handschuhe, die er noch von der zweiten Operation trägt. So führt er die letzte Operation durch.

Fragen Sie hier bitte nicht, wie man es schafft, einen benutzten OP-Handschuh umzudrehen. Das dürfte zwar in der Praxis schwierig sein, aber darum geht es hier nicht. Suchen Sie auch nicht nach Möglichkeiten, wie die Handschuhe desinfiziert werden können. Auch wenn im Aufgabentext nicht explizit steht, dass der Arzt kein Desinfektionsmittel zur Verfügung hat, so ist das hier offensichtlich nicht gemeint. Wenn Sie sich im Vorstellungsgespräch nicht sicher sind, worauf der Fragesteller hinaus will, dann fragen Sie nach und vergewissern sich, dass es kein Desinfektionsspray gibt.

49. Dr. Meier

Dr. Meier fährt mit seinem Sohn einkaufen. Er parkt das Auto und beide überqueren die Straße. Der Sohn wird von einem Wagen erfasst und verletzt. Sofort verständigt Dr. Meier einen Krankenwagen, der nach wenigen Minuten am Unfallort eintrifft. Der Sanitäter informiert den Vater, dass sie seinen Sohn in das Linden-Krankenhaus bringen werden. Dr. Meier steigt in sein Auto und macht sich auf den Weg ins Krankenhaus. Leider schafft er es nicht, dem Krankenwagen zu folgen, aber er kennt ja das Ziel. Unterwegs wird dem Krankenwagen über Funk mitgeteilt, dass das Linden-Krankenhaus überbelegt sei und sie auf das Ahorn-Krankenhaus ausweichen sollen. Der Vater kann jedoch nicht verständigt werden. 25 Minuten nach dem Unfall erreicht der Krankenwagen das Ahorn-Krankenhaus. Seit elf Stunden hat dort Dr. Meier Dienst. Nach Aufnahme des Jungen bittet Dr. Meier einen Kollegen mit den Worten „Ich kann ihn nicht operieren, ich bin zu nervös. Es ist mein Sohn", die Operation zu übernehmen. Wie kann das sein?

Auf eine lange Geschichte folgt eine simple Antwort: Dr. Meier ist die Mutter des Jungen. In manchen Fällen ist die Lösung der Brainteasers, wie Sie sehen, nahezu trivial.

50. Das Badmintonturnier

Sie sind Organisator der Badminton-Weltmeisterschaft. Insgesamt haben sich 349 Sportler aus der ganzen Welt für das Turnier qualifiziert. Die Weltmeisterschaft wird im KO-System

ausgespielt. Das bedeutet, dass der Sieger aus einer Begegnung die nächste Runde erreicht, während der Verlierer aus dem Turnier ausscheidet. Da die Teilnehmerzahl ungerade ist, erhalten die stärksten Spieler in der ersten Runde ein Freilos, sie greifen also erst in der zweiten Runde ins Geschehen ein. Wie viele Spielpaarungen müssen Sie als Organisator ansetzen, um den Weltmeister zu ermitteln?

Diesen Brainteaser können Sie mit ein wenig mathematischem Verständnis, einem Blatt Papier und einem Stift recht schnell lösen. Sie können sicher ermitteln, wie viele Spieler in der ersten Runde ein Freilos erhalten und wie viele Spiele es dann in der ersten Runde und in allen weiteren Runden gibt. Noch einfacher ist es, wenn Sie mit dem Finale anfangen und von dort ausgehend die einzelnen Spielrunden betrachten. Zählen Sie einfach die Spiele der einzelnen Runden zusammen. So kommen Sie hoffentlich auf die Zahl von 348 Badmintonspielen. Fällt Ihnen etwas auf? Es gibt genau eine Partie weniger als es Spieler gibt. Das ist natürlich kein Zufall, sondern logisch. Gehen Sie das Problem einmal aus einer anderen Perspektive an: Wenn es 349 Spieler gibt, die einen Weltmeister ausspielen, dann muss es insgesamt 348 Verlierer geben, die eben nicht Weltmeister werden. Und um 348 Verlierer zu ermitteln, braucht man im KO-System natürlich 348 Spiele. Sie hätten sich die Rechnerei also sparen können. Wenn Sie in einem Vorstellungsgespräch mit diesem Brainteaser konfrontiert werden, dann möchte der Interviewer damit nicht Ihre Mathematik-Grundkenntnisse testen. Punkten können Sie hier nur, wenn Sie die logische Lösung erkennen.

51. Die Flussüberquerung

Konrad und Willi wollen an einer besonders tiefen und breiten Stelle einen Fluss überqueren. Am Ufer liegt ein Boot, das aber

immer nur eine Person tragen kann. Beide überqueren den Fluss und ziehen zufrieden weiter. Kein Problem, oder?

In der Aufgabe wird nicht erwähnt, dass Konrad und Willi zusammen unterwegs sind. Durch die Formulierung „Konrad und Willi wollen", nimmt man fast immer an, dass sich beide auf der gleichen Seite des Flusses befinden. Davon ist in der Aufgabenstellung nicht die Rede. Wenn Sie dies erkannt haben, ist die Lösung einfach zu finden: Konrad nimmt das Boot und rudert über den Fluss. Dort übernimmt Willi erfreut das Boot und rudert auf die gegenüberliegende Seite. Zum Abschied winken sich beide noch einmal über den Fluss zu und ziehen ihrer Wege.

Nicht immer ist der Schlüssel zur Lösung so trivial wie in den bisher besprochenen Beispielen. Und nicht immer geht es lediglich darum, die Aufgabe sorgfältig zu lesen und daraus die richtige Lösung abzuleiten. Im Bewerbungsgespräch sind solche Brainteaser sogar eher unüblich, weil es in einem Interview nicht darum gehen sollte, Ihnen eine Falle zu stellen. Doch der Übergang zwischen einer Aufgabe, die Ihr „Out-of-the-box"-Denken fordert, und einer Fangfrage ist fließend. Solche Fragen bieten auf jeden Fall eine gute Möglichkeit, den Blick für Feinheiten zu schulen, auf die es bei vielen Aufgaben ankommt.

Ein „Aha-Effekt" wird sich auch einstellen, wenn Sie sich die Lösung des nächsten Brainteasers ansehen. Allerdings müssen Sie hier schon etwas weiter um die Ecke denken und Ihre Kreativität einsetzen, um zu einer Lösung zu kommen.

52. Das verlorene Gold

Goldschmied Gustav hat zehn Angestellte. Er hat insgesamt ein Kilogramm Gold und gibt davon jedem Angestellten 100 Gramm. Jeder Angestellte soll aus dem Gold zehn Ringe fertigen. Einer

der Angestellten betrügt, indem er pro Ring genau ein Gramm Gold unterschlägt. Wie kann Gustav mit einer digitalen Präzisionswaage und nur einmaligem Wiegen herausfinden, welcher seiner Angestellten ihn betrügt?

Zehn Angestellte fertigen zehn Ringe, insgesamt sind es 100 Ringe. Davon sind zehn Ringe um ein Gramm leichter als die restlichen 90 Ringe. Sie stehen vor zwei Problemen: Wie können Sie unter der Vielzahl der Ringe mit nur einmaligem Wiegen die Betrüger-Ringe erkennen? Und: Wie können Sie von den Ringen auf den betrügerischen Angestellten schließen?

Ein einmaliges Wiegen schließt nicht aus, dass Sie mehr als einen Ring wiegen. Und genau hier liegt der Schlüssel zur Lösung: Wiegen Sie Ringe von allen Angestellten auf einmal. Man kann ein Schema entwickeln, wodurch man mit einem Wiegevorgang genau den betrügerischen Angestellten enttarnen kann. Beachten Sie: Das Schema funktioniert nur, weil vorgegeben ist, dass der Betrüger bei jedem Ring genau 1 Gramm Gold unterschlägt.

Geben Sie den Angestellten Nummern von eins bis zehn. Lassen Sie sich von den Angestellten jeweils die Anzahl an Ringen geben, die seiner Nummer entspricht. Vom Angestellten Nr. 1 verlangen Sie einen Ring, vom Angestellten Nr. 2 zwei Ringe usw. bis Sie bei dem Angestellten Nr. 10 angekommen sind, der Ihnen zehn Ringe übergibt. Diese Anzahl an Ringen (es handelt sich um 1+2+3+4+5+6+7+8+9+10 = 55 Ringe) legen Sie auf die Waage. Würde keiner der Angestellten betrügen, würden die 55 Ringe genau 550 Gramm wiegen. Bei einem Betrug wird das Gewicht kleiner sein als 550 Gramm. Die bis zu 550 fehlende Grammzahl entspricht genau der Nummer des Angestellten, der Sie betrogen hat. Deutlich wird die Lösung, wenn Sie eine Möglichkeit durchspielen: Sie wiegen die 55 Ringe und erhalten das Gewicht von

546 Gramm. Rechnen Sie weiter: 550 g – 546 g = 4 g. Der Angestellte Nr. 4 hat bei der Herstellung der Ringe das Gold unterschlagen.

53. Todesstrafe

Ritter Kunibert muss sich einer Prüfung unterwerfen. Ihm werden die Augen verbunden und zwölf Goldmünzen in einer Reihe vorgelegt. Man sagt ihm, dass sechs der Goldmünzen mit dem Kopf des Königs nach oben liegen und sechs mit der Zahl nach oben. Aber er weiß natürlich nicht, in welcher Reihenfolge. Seine Aufgabe ist es, die Münzen in zwei Haufen aufzuteilen, so dass in beiden Haufen gleich viele Münzen mit dem Kopf des Königs nach oben liegen! Schafft er dies, so ist er frei, ansonsten wird er mit dem Tode bestraft. Leider lässt sich durch Ertasten nicht herausfinden, welche Seite eines Goldstücks oben liegt. Gibt es für Ritter Kunibert noch Rettung?

Hier ist Ihre Kreativität gefordert: Führen Sie sich die Situation vor Augen: Vor Ihnen liegen zwölf Münzen, davon zeigen sechs Münzen den König. Die anderen sechs Münzen zeigen die andere Seite, auf der eine Zahl abgebildet ist. Sie können nichts sehen, weil Ihnen die Augen verbunden sind. Es bleibt nur eine Möglichkeit, diese Frage zu lösen: durch Nachdenken!

Sie geben die Anweisung, dass aus den zwölf Münzen zwei Haufen zu je sechs Münzen gebildet werden sollen. Vereinfachend nennen wir die Münzen, die mit dem Bild des Königs nach oben liegen, Königs-Münzen. Die Münzen, die die andere Seite mit der Zahl anzeigen, heißen Zahlen-Münzen.

Es gibt sieben mögliche Kombinationen, wie die Königs-Münzen verteilt sein können:

(6 - 0), (1 – 5), (2 – 4), (3 – 3), (4 – 2), (5 – 1), (0 – 6).

(Die erste Zahl steht für den ersten Haufen, die zweite Zahl für den zweiten Haufen.)

Befinden sich alle sechs Königs-Münzen in einem Haufen, so sind alle Zahlen-Münzen in dem zweiten Haufen, bei einer Königs-Münze ist es eine Zahlen-Münze usw. Wie Sie sehen korrespondiert die Anzahl der Königs-Münzen in einem Haufen mit der Anzahl der Zahlen-Münzen im anderen Haufen. Was genau war nun die Fragestellung? Beide Haufen sollen dieselbe Anzahl an Königs-Münzen aufweisen. Diese Situation erreichen Sie, wenn Sie alle Münzen eines Haufens umdrehen. Da die Reihenfolge der Königs-Münzen keine Rolle spielt, stimmt diese Lösung immer. Es ist egal, ob sich null oder sechs Königs-Münzen in einem Haufen befinden! Ritter Kunibert kommt frei.

54. Fritz, der Hund

Der Hund Fritz will von München nach Berlin rennen. Er läuft mit einer Geschwindigkeit von einem Meter pro Sekunde los. Er macht Schritte von konstant einem Meter Länge. An seinem Schwanz ist eine Blechdose angebunden. Bei jedem Schritt schlägt die Dose scheppernd auf den Boden und Fritz erschrickt so sehr, dass er seine Geschwindigkeit bei jedem Scheppern verdoppelt. Wie schnell läuft Fritz, wenn er nach 500 km in Berlin ankommt?

Der erste Schritt von Fritz ist einen Meter lang und er legt ihn in genau einer Sekunde zurück. Die Dose knallt auf den Boden und Fritz setzt an zum zweiten Schritt für den er bei doppelter Geschwindigkeit nur noch eine halbe Sekunde braucht. Einfacher ausgedrückt: Fritz hat eine Geschwindigkeit von 2 m/s nach dem ersten Schritt erreicht, da die

Schrittlänge aber konstant bei einem Meter liegt, kann er den zweiten Schritt in einer halben Sekunde zurücklegen. Insgesamt legt Fritz auf der Strecke von München nach Berlin 500 km = 500.000 m zurück. Sie können sich bereits vorstellen, dass Fritz am Ende der Strecke sehr schnell sein wird. Wenn er nach 500.000 Schritten in Berlin ankommt, dann beträgt seine Geschwindigkeit am Ende:

$$2^{499.999} \text{ m/s}$$

Wie kommt man auf die Formel? 2 m/s (oder 2^1 m/s) ist die Geschwindigkeit beim zweiten Schritt. Beim dritten Schritt beträgt das Tempo des Hundes 4 m/s oder 2^2 m/s usw. Insgesamt verdoppelt sich die Geschwindigkeit von 2 m/s also 499.999-mal. Alles klar? Dann können wir ja zum nächsten Brainteaser übergehen, schließlich haben Sie das Problem gelöst.

Fällt Ihnen wirklich nichts auf? Muss das nicht ein Wahnsinnstempo sein, mit dem Fritz da unterwegs ist? Bereits nach zehn Schritten ha Fritz ein Tempo von 1024 Metern pro Sekunde drauf! Verkraftet das der arme Hund überhaupt? Und hält das die Dose aus? Man kann nicht nur, nein, man muss hier sogar einige Einwände dagegen vorbringen, dass der Hund tatsächlich mit diesem unglaublichen Tempo in Berlin ankommt. Zuerst: Wie Sie sicher wissen, beträgt die Schallgeschwindigkeit ca. 330 m/s. Sobald der Hund dieses Tempo erreicht hat, hört er das Scheppern der Dose nicht mehr. Also würde der Hund ab dem Verdopplungsschritt auf 2^9 = 521 m/s nicht mehr erschrecken und mit diesem Tempo in Berlin ankommen. Man kann sich noch weitere Fragen stellen: Schlägt die Dose bei so hohen Geschwindigkeiten überhaupt noch bei jedem Schritt auf? Wohl eher nicht. Oder: Verkraftet der arme Hund dieses Höllentempo? Würde er vielleicht verglühen? Ganz abgesehen von der physischen Leistungsgrenze eines Hundes.

Sie können sicher noch andere Argumente dafür anführen, dass das Ergebnis zwar mathematisch richtig ist, es aber andererseits unmöglich ist, dass ein Hund diese Geschwindigkeit erreicht. Entscheidend ist, dass Sie überhaupt darauf kommen. Die Berechnung der korrekten mathematischen Lösung ist nicht ganz einfach und natürlich ist man froh, wenn man eine Zahl präsentieren kann. Doch vergessen Sie nicht, das Ergebnis nicht nur auf seine rechnerische, sondern auch auf seine inhaltliche Richtigkeit zu überprüfen. Das gilt übrigens nicht nur für diesen Brainteaser.

Der Fall des rasenden Hundes zeigt auch, dass es nicht immer eine einzig richtige Lösung gibt, sondern oft Ihre Kreativität gefordert ist. Bei den oben besprochenen Aufgaben mussten Sie zwar kreativ vorgehen und festgesetzte Denkmuster verlassen, um zu einer Lösung zu kommen, die Lösung selbst war jedoch stets eindeutig bestimmt. Bei den folgenden Brainteasern gibt es dagegen keine richtige Lösung, sondern es geht vielmehr darum, dass Sie über den Tellerrand blicken und zeigen, dass Sie in der Lage sind, kreativ an eine Problemstellung heranzugehen.

Denken Sie daran: Für diese Beantwortung dieser Fragen gibt es keine Patentlösung. Es gibt nahezu unbegrenzt viele mögliche Antworten. Je mehr plausible Antworten Sie finden, desto besser. Entscheidend ist, dass Sie ihre Antworten immer begründen können. Die Methode des Brainstormings hilft häufig weiter bei der Suche nach möglichst zahlreichen Antworten. Ein Brainstorming läuft so ab: Zuerst sammelt man alle Einfälle, unabhängig davon, wie unlogisch oder unpassend sie klingen. Anschließend werden die Ideen bewertet und alle nicht plausiblen Antworten gestrichen. Beginnen wir mit einem Brainteaser, bei dem Sie sich richtig austoben können. Erlaubt ist, was einleuchtend begründet werden kann.

55. Papierspiele

Nennen Sie zehn Dinge, die man mit einem Blatt Papier machen kann!

Die Aufgabenstellung schließt es nicht aus, aber wir gehen davon aus, dass Ihnen keine Hilfsmittel wie Farbe, Stifte, Klebstoff oder Schere zur Verfügung stehen. Das Blatt Papier können Sie lediglich mit Ihren eigenen Händen bearbeiten. Stellen Sie sich zuerst ein Blatt Papier vor: weiß, unbeschriftet, DIN A4 groß. Oder grün, liniert, A2-Größe. Gehen wir einfach davon aus, dass Sie sich für ein bestimmtes Papier entscheiden müssen, um die zehn Dinge zu machen. Je nachdem welche Einfälle Sie haben, können Sie die Ausprägungen des Papiers wählen.

Denken Sie als erstes an Verben, die Sie mit Papier verbinden: falten, zerreißen, zerknüllen, drehen, einwickeln, zudecken. Mit Hilfe dieser Verben können Sie das Blatt Papier auf verschiedenste Art bearbeiten. Sie können aus dem Papier falten: ein Schiff, einen Briefumschlag, einen Hut, Tiere. Sie können es zerreißen zu: Konfetti, einem Puzzle, Notizzetteln, Lesezeichen. Zerknüllen Sie das Papier zu einer Kugel, einem Ball oder einer Stange. Schon jetzt haben Sie mehr als zehn Dinge erreicht. Noch mehr Möglichkeiten ergeben sich, wenn Sie die Verben kombinieren: zuerst falten, dann zerreißen usw. Greifen Sie zu bunten oder gemustertem Papier und es sind noch andere Dinge möglich.

56. Verstopfte Röhre?

Hans und Peter schauen durch dieselbe Röhre. Die Röhre ist im Inneren vollkommen leer und durch nichts verstopft. Hans blickt vom einen Ende in die Röhre hinein. Peter steht am anderen Ende der Röhre und schaut ebenfalls in sie hinein. Das Problem:

Sie können sich gegenseitig nicht durch die Röhre sehen. Wie ist das möglich?

Stellen Sie allgemeine Überlegungen an den Anfang Ihrer Lösung: Der Mensch kann sehen, wenn Licht vorhanden ist. Die einfachste Antwort lautet daher: Es ist kein Licht vorhanden. Es könnte also sein, dass die Röhre im Freien ist und es stockfinster ist. Oder Hans und Peter stehen in einem verdunkelten Raum. Eine weitere Möglichkeit: Sobald beide ihr Auge auf das Ende der Röhre drücken, erlischt das Licht in der Röhre und in der totalen Finsternis können Hans und Peter sich nicht mehr sehen. Die Gestaltung der Röhre könnte ein weiterer Grund sein, weshalb Hans und Peter nichts sehen. Beispielsweise könnte es sich um eine sehr lange Röhre handeln, so dass das Auge das Ende nicht mehr erkennen kann. Die Röhre kann eine Biegung oder einen Knick machen, so dass es keine direkte Blickrichtung bis zum anderen Ende der Röhre gibt. Zu guter Letzt bleiben Hans und Peter als Grund für das Problem. Beide sind sehr kurzsichtig. Um durch die Röhre zu sehen, nehmen sie ihre Brillen ab und können deshalb nichts mehr erkennen. Es könnte auch sein, dass Hans und Peter blind sind.

57. Eis und Krawalle

Wissenschaftler haben bewiesen, dass es eine direkte positive Korrelation zwischen dem Genuss von Speiseeis und Volksaufruhr, wie Krawallen und Ausschreitungen, gibt. Wie viele Begründungsansätze fallen Ihnen spontan ein?

Positive Korrelation bedeutet hier: Wenn die Menschen viel Eis essen, dann gibt es auch viele Ausschreitungen. Essen die Menschen wenig Eis, so sind die Zeiten dagegen ruhig. Was könnten die Gründe dafür sein?

Eis essen ist schön, lecker und rundum mit positiven Emotionen besetzt. Hingegen passieren Volksaufstände meistens, wenn Menschen unzufrieden sind und gegen etwas protestieren möchten. Ein direkter kausaler Zusammenhang scheint hier unwahrscheinlich. Was könnte es dennoch für einen Zusammenhang zwischen Eis und Krawalle geben? Ein möglicher Erklärungsansatz wäre: Beides geschieht eher im Sommer, bei strömendem Regen geht niemand auf die Barrikaden und niemand isst Eis. Sozialwissenschaftler sprechen hier von einer Scheinkorrelation. Das heißt, es gibt zwar statistisch einen Zusammenhang, der aber auf dritten Einflussfaktoren beruht. In diesem Fall ist dieser Einflussfaktor das schöne Wetter. Ein anderer möglicher Ansatz: Wenn die Leute viel Eis essen, bekommen sie schnell Bauch- oder Zahnschmerzen. Wenn Menschen Schmerzen haben, sind sie unzufrieden, mürrisch, schlecht gelaunt und neigen dazu, die Welt negativ zu sehen und werden schneller aggressiv. Wenn das so wäre, gäbe es tatsächlich einen kausalen Zusammenhang.

Kapitel 5: Schätzen

Wie schwer ist der Eiffelturm? Wie viele Smarties passen in einen Smart? Auf den ersten Blick scheint es schwierig, eine richtige Antwort zu finden. Ähnlich wie bei den Brainteasern im vorherigen Kapitel, die Ihre Kreativität gefordert haben, zeichnen sich auch Schätzfragen dadurch aus, dass jeder Bewerber zu einer unterschiedlichen Antwort gelangen wird. Bei den Schätzaufgaben liegt dies daran, dass Ihnen nicht alle Informationen vorliegen, die Sie zur Lösung brauchen. Zwar sind theoretisch die für die Lösung relevanten Größen zumeist bekannt, sie sind nur leider in der Situation des Bewerbungsgespräches für Sie nicht verfügbar. Entscheidend ist daher, dass Sie einen Lösungsweg finden, der logisch aufgebaut ist und überzeugend von Ihnen dargestellt wird, auch wenn Ihre Lösung möglicherweise von der tatsächlichen Lösung weit entfernt ist. Mit etwas mathematischem Grundwissen, ein wenig Allgemeinbildung und einem Schuss Kreativität werden Sie die Aufgaben erfolgreich meistern.

Lassen Sie uns mit einem einfachen Beispiel beginnen. Sie kennen die Situation: Ihre Geburtstagsfeier steht an und dafür müssen Getränke eingekauft werden. Sie haben viele Freunde und Bekannte eingeladen und wollen als guter Gastgeber auf jeden Fall verhindern, dass auf der Party die Getränke ausgehen. Sie wollen aber auch nicht unnötig viele Kisten und Flaschen in Ihre Wohnung schleppen und auf den Alkoholika sitzen bleiben. Gehen Sie schrittweise vor. Überlegen Sie zunächst, welche Faktoren auf die benötigte Getränkemenge einwirken. Das Wichtigste ist natürlich die Zahl der Gäste. Nun trinkt aber nicht jeder Gast gleich viel und nicht jeder bevorzugt das gleiche Getränk. Ob jemand Alkohol trinkt oder nicht, hängt zum Beispiel davon ab, ob er mit dem Auto unterwegs ist. Außerdem trinken Frauen lieber Wein und Männer lieber Bier. Damit haben Sie einige Einflussfaktoren zusammengetragen, die auf Ihren Getränkeeinkauf einwirken. Da Sie schlecht alle Ihre Freunde anrufen können, um sie zu fragen, was und wie viel sie denn auf Ihrer Party zu trinken gedenken, müssen Sie nun in einem zweiten Schritt die Größenordnung der relevanten Faktoren schätzen. Das Problem beginnt mit der Zahl der Gäste. Kommen 20 Leute, 30 oder sogar 40? Von 25 Leuten wissen Sie sicher, dass sie kommen werden, ein paar haben im Vorfeld abgesagt und von weiteren 15 Leuten haben Sie keine Rückmeldung bekommen. Aus Erfahrung wissen Sie, dass von diesen trotzdem einige vorbeikommen werden. Bestimmt bringt jemand auch noch eine Begleitung mit, von der Sie noch nichts wissen. Sie schätzen daher, dass insgesamt 35 Leute kommen werden.

Um abschätzen zu können, wie viel Ihre Gäste trinken, bilden Sie am besten Durchschnittswerte. Da Sie mitten in Köln wohnen und keine Freunde von auswärts erwarten, wird kaum jemand mit dem Auto kommen. Sie nehmen daher an, dass alle Gäste Alkohol trinken werden. Trotzdem sollten Sie ein paar alkoholfreie Getränke besorgen. Ein halber Liter Wasser oder Cola pro Person sollte jedoch reichen.

Der Einfachheit halber kalkulieren Sie außerdem, dass die Frauen nur Wein trinken und die Männer nur Bier. Da Sie mehr Männer als Frauen eingeladen haben, gehen sie davon aus, dass 20 Männer und 15 Frauen kommen werden. Für die Frauen veranschlagen Sie einen halben Liter Wein pro Kopf. Sicher gibt es einige weibliche Gäste, die mehr trinken, andere werden aber wiederum weniger trinken. Außerdem ist eine Flasche Wein ja auch ein beliebtes Mitbringsel bei jeder Geburtstagsparty, so dass der Wein nicht ausgehen sollte. Für die Männer kommen Sie nach den entsprechenden Überlegungen auf vier Flaschen Bier.

Jetzt haben Sie alle wichtigen Größen beisammen und müssen in einem dritten Schritt nur noch die benötigten Getränkemengen ausrechnen. In diesem einfachen Beispiel müssen Sie dazu nur die geschätzten Durchschnittswerte mit der Zahl der Gäste multiplizieren und kommen im Ergebnis auf 40 Liter Bier, 7,5 Liter Wein und 17,5 Liter alkoholfreie Getränke. In einem vierten Schritt sollten Sie Ihr Ergebnis jetzt wieder in den Kontext der Aufgabe integrieren. Bier wird in der Regel nicht in Litern gekauft, sondern in Flaschen bzw. Kästen, das Gleiche gilt für die anderen Getränke. Sie kaufen also vier Kästen Bier und zehn Flaschen Wein. Außerdem kaufen Sie eine Kiste Cola (12 Liter) und eine Kiste Wasser (8,4 Liter). Das entspricht zwar nicht exakt der geschätzten Menge, ist aber die praktikabelste Lösung.

Als Letztes sollten Sie Ihr Ergebnis auch unbedingt noch auf Plausibilität überprüfen. In diesem Fall dürfte Ihnen das nicht allzu schwer fallen, schließlich war jeder schon einmal auf einer Geburtstagsparty. Wenn Sie zum Beispiel auf ein Ergebnis von zwei Kästen Bier kommen, oder nach Ihren Schätzungen sieben Kästen Cola kaufen müssten, dann sollten Sie stutzig werden und Ihre Schätzungen noch einmal überprüfen. Oder waren Sie schon mal auf einer Party, auf der mehr Cola als Bier getrunken wurde?

Sie werden sehen, dass es bei anderen Aufgaben wesentlich schwieriger ist, das Ergebnis auf seine Plausibilität hin zu überprüfen. Das gilt insbesondere dann, wenn Größen gesucht sind, die Ihnen im Alltag normalerweise nicht begegnen. Gesucht werden häufig Größen wie Pro-Kopf-Verbrauch, Umsätze oder Gewinne in einem bestimmten Markt, einer bestimmten Branche oder für ein Produkt. Fragen nach Gewicht, Volumen, Menge oder Häufigkeit von Gegenständen, Menschen oder Tieren sind ebenfalls beliebt. Andere Brainteaser verlangen mehrere Schätzungen oder Vergleiche zwischen zwei Schätzgrößen. Versuchen Sie sich an den nächsten Aufgaben und gehen Sie dabei analog zu dem Beispiel der Geburtstagsparty vor. Schon die erste Aufgabe wird Sie vor größere Probleme stellen als der Getränkekauf.

58. Wie viele Katzen?

Wie viele Katzen gibt es in Deutschland?

Oma Milli hat seit zehn Jahren eine Katze, ihre Freundin Katja hat sich letztes Jahr eine Katze aus dem Tierheim geholt und die Nachbarsfamilie Schmitz hat ebenfalls eine. Sie gehen Ihren gesamten Bekanntenkreis durch und zählen fünf Katzen bei etwa 100 Personen, das heißt auf 20 Personen kommt eine Katze. Da Sie nicht wissen, wie es um die Katzenpopulation außerhalb Ihres Bekanntenkreises bestellt ist, treffen Sie die Annahme, dass dieses Verhältnis für den Rest von Deutschland repräsentativ ist und rechnen es auf die Gesamtbevölkerung hoch. Bei einer Einwohnerzahl von 82 Millionen und einem Verhältnis von 1:20 haben genau 4,1 Millionen Menschen in Deutschland eine Katze.

Nach dieser Rechnung fällt Ihnen ein, dass nicht alle Katzen in einer Familie oder bei Menschen wohnen. Sie haben die streunenden Katzen und Katzen, die im Tierheim, im Zoo, in Tierhandlungen oder bei Züchtern wohnen, vergessen. Streunende Katzen sind in Deutschland eher selten, Sie schätzen die Zahl auf 100.000. Hinzu kommen etwa 500.000 Katzen aus Tierheimen, Zoos oder anderen Einrichtungen. Wenn Sie diese Katzen berücksichtigen, erhöht sich die Summe auf 4,7 Millionen Katzen in Deutschland. Natürlich ist die Schätzung bezüglich der Katzen, die nicht in Haushalten leben, etwas willkürlich. Trotzdem sollten Sie diese Tiere in irgendeiner Form in Ihrem Ergebnis berücksichtigen. So zeigen Sie Ihrem Gegenüber, dass Sie versucht haben, alle relevanten Aspekte in die Schätzung einzubeziehen und erkannt haben, dass Katzen nicht unbedingt alle in Haushalten leben.

So schlecht würden Sie mit diesem Ergebnis übrigens gar nicht liegen. Der Zentralverband zoologischer Fachbetriebe beziffert die Zahl der Katzen für das Jahr 2001 in Deutschland auf 6,7 Millionen.

59. Zähneputzen

Wie viele Liter Zahnpasta werden in Deutschland jährlich verbraucht?

Bei dieser Aufgabe ist es am einfachsten, den durchschnittlichen Verbrauch von einer Person in einem Jahr zu berechnen. Der Verbrauch des Einzelnen dient als Grundlage für die Hochrechnung auf die gesamte Bevölkerung. Fangen Sie einfach bei sich selbst an. Wie viel Zahnpasta benötigen Sie für sich? Sie könnten sich folgende Fragen stellen: Wie oft putze ich mir die Zähne pro Tag? Wie viel Zahnpasta verwende ich für einen Putzvorgang? Wie oft kaufe ich eine neue Tube Zahnpasta? Am einfachsten wäre es, wenn Sie wüssten, wie oft Sie eine neue Tube benötigen. Vielleicht einmal im Monat, oder nur alle zwei Monate?

Leider wissen Sie nicht genau, wie viel in einer Tube drin ist, sind es 100 Milliliter oder eher 150 Milliliter? Im Bewerbungsgespräch werden Sie leider keine Tube dabei haben und können es deshalb nicht überprüfen. Wenn Sie jetzt einfach annehmen, dass Sie sich einmal im Monat eine Tube Zahnpasta mit 100 Millilitern Inhalt kaufen, obwohl sie sich ziemlich unsicher sind, könnte das das Endergebnis beträchtlich verfälschen.

Alternativ können Sie über die Zahl der Putzvorgänge Ihren persönlichen Verbrauch abschätzen. Sie putzen sich zwei- bis dreimal am Tag die Zähne. Pro Putzvorgang wird ein Zahnpastastreifen von ca. zwei Zentimetern verbraucht, diese Menge entspricht ungefähr einem Milliliter. Wenn Sie Schwierigkeiten haben, die Menge Zahnpasta auf Ihrer Zahnbürste einzuschätzen, dann überlegen Sie sich, ob Ihnen andere Dinge einfallen, die eine vergleichbare Größe haben.

Da Sie sich an manchen Tagen nur zweimal, an anderen Tagen aber dreimal die Zähne putzen, schätzen Sie, dass Sie sich im Durchschnitt

2,5-mal am Tag die Zähne putzen und dabei 2,5 Milliliter Zahnpasta verbrauchen. Kann das ungefähr stimmen? Vergleichen Sie das Ergebnis mit den Überlegungen von oben. Wenn es stimmt, dass eine normale Zahnpasta-Tube 100 ml enthält, dann reicht eine Tube für 40 Tage (100 ml/2,5 ml = 40). Das deckt sich ziemlich genau mit den Einschätzungen, die Sie über Ihre Zahnpastaeinkäufe getroffen haben und zeigt, dass die getroffenen Annahmen in einer realistischen Größenordnung liegen. Auf das Jahr gerechnet ergibt sich somit ein persönlicher Konsum von 2,5 ml x 356 Tage = 912,5 ml. Wenn alle Menschen ähnlich um ihre Zahnhygiene bedacht wären wie Sie, würde sich bei 82 Millionen Einwohnern in Deutschland ein Gesamtkonsum von 74.825.000.000 Millilitern bzw. 74.825.000 Litern ergeben.

Ist es wirklich realistisch anzunehmen, dass alle Einwohner sich 2,5-mal am Tag die Zähne putzen? Die Zahnärzte mögen zwar davon träumen, tatsächlich dürfte es nicht wenige Menschen geben, die sich wesentlich seltener oder vielleicht sogar nie die Zähne putzen. Beispielsweise putzen Kinder sich nicht gerne die Zähne, Säuglinge haben noch gar keine und alte Menschen haben vielleicht ein Gebiss. Außerdem gibt es Menschen, die sich nicht sonderlich gut um ihre Zähne kümmern. Aber wie viele werden das wohl sein? Wenn Sie nicht gerade Zahnmedizin studiert haben, fällt es sicher schwer, hier eine Einschätzung vorzunehmen. Es ist auf jeden Fall anzunehmen, dass sich eine deutliche Mehrheit intensiv um die Zahnpflege kümmert. Oder kennen Sie viele Menschen, die das nicht tun? Außerdem dürfte es nur wenige Menschen geben, die sich ihre Zähne überhaupt nicht putzen. Man könnte daher zum Beispiel annehmen, dass sich 70% der Bevölkerung 2,5-mal am Tag die Zähne putzen, 20% putzen sich nur einmal täglich die Zähne und 10% überhaupt nicht.

Wir hatten ausgerechnet, dass ein vorbildlicher Zähneputzer 912,5 Milliliter Zahnpasta im Jahr verbraucht. Bei 57,4 Millionen Personen (82 Mio. x 0,7) ergibt dies einen Verbrauch von 52.012.500 Litern Zahnpasta pro Jahr. Wenn sich jemand nur einmal am Tag die Zähne putzt, verbraucht er 365 Milliliter Zahnpasta pro Jahr. Bei 16,4 Millionen Personen (82 Mio. x 0,2) sind das weitere 5.986.000 Liter Zahnpasta. Insgesamt kommt man also auf einen Gesamtverbrauch von rund 58 Millionen Litern pro Jahr. (Tatsächlich liegt der Zahnpastaabsatz in Deutschland bei unter 30 Millionen Litern. Diesmal war die Schätzung also nicht ganz so gut. Was zählt, ist aber wie gesagt der Lösungsweg und nicht so sehr ein richtiges Ergebnis.)

Im Assessment Center oder bei Case Studies wird häufig noch die folgende Frage im Anschluss an eine Schätzungsfrage gestellt: „Wie groß ist der Umsatz an Zahnpasta pro Jahr?" Wissen Sie, was eine Tube Zahnpasta kostet? Nein? Erstaunlich, denn vermutlich haben Sie in Ihrem Leben schon etliche Tuben gekauft. Da sich ein Zahnpastaeinkauf auf dem Kassenbon erfahrungsgemäß nicht sehr deutlich bemerkbar macht, dürfte der Preis für eine 100 ml-Tube etwa bei einem Euro liegen. Je nachdem, welche Sorte man kauft und ob man im Discounter oder in der Drogerie einkauft, variiert der Preis. Wenn wir von einem Durchschnittspreis von einem Euro pro Tube ausgehen, kostet ein Liter Zahnpasta zehn Euro. Der gesamte Jahresumsatz an Zahnpasta beläuft sich demnach auf 580 Millionen Euro. Mit dieser Schätzung liegen Sie nicht schlecht.

60. Hochzeiten

Wie viele Eheschließungen gab es im Juni 2006 in Deutschland?

Auch bei dieser Schätzfrage müssen wieder einige Annahmen getroffen werden. Sie könnten zum Beispiel so an diese Schätzfrage herangehen: Zunächst schätzen Sie ab, wie viele Hochzeiten es in Deutschland pro Jahr gibt: Grob geschätzt heiraten die meisten Deutschen zwischen dem 20. Und dem 35. Lebensjahr. Sie nehmen weiter an, dass alle Deutschen zwischen null und achtzig Jahre alt sind und dass es eine Gleichverteilung der Altersgruppen bei einer Bevölkerung von 82 Mio. Menschen gibt. Damit wären etwa 15,4 Millionen Deutsche im heiratsfähigen Alter. Doch nicht alle wollen überhaupt heiraten. Vielleicht finden sie auch keinen Partner. Angenommen, 75% der Deutschen im heiratsfähigen Alter heiraten tatsächlich, so erhalten Sie 11,6 Millionen heiratswillige Deutsche. Wenn Sie nun weiter annehmen, dass die Anzahl der 20 bis 35jährigen annähernd gleichverteilt ist, ergibt sich eine Zahl von 773.333 Heiratenden pro Jahr (11.600.000 / 15). Natürlich gibt es nur halb so viele Eheschließungen, also ca. 366.667 Hochzeiten. (Mit dieser Schätzung würden Sie übrigens ausgesprochen gut liegen, nach der amtlichen Statistik gab es 2005 in Deutschland 388.000 Hochzeiten.)

Nun zum zweiten Teil der Schätzfrage: Wie viele Hochzeiten gab es im Juni 2006? Sicher ist die Zahl der Hochzeiten über ein Jahr nicht gleichverteilt. Sie sollten also nicht einfach annehmen, dass im Juni 2006 ein Zwölftel aller Hochzeiten stattgefunden hat. Sie müssen berücksichtigen, dass der Juni wahrscheinlich ein besonders beliebter Monat zum Heiraten ist. Im Juni ist es meistens warm, aber es ist auch noch nicht zu heiß, so dass die Aussicht besteht, bei angenehmen Temperaturen auch im Freien feiern zu können. Außerdem ist im Juni noch keine Hauptferienzeit, was die Hochzeitsplanungen erleichtern dürfte. Eine plausible Annahme wäre, dass im Juni 15% aller Hochzeiten, also ca. doppelt so viele wie im Jahresdurchschnitt, stattfinden. Das wären dann 55.000 Hochzeiten. An dieser Stelle könnten Sie noch berücksichtigen, dass im Juni 2006 die Fußballweltmeisterschaft in Deutschland stattgefunden hat. Dieses Großereignis hatte möglicherweise einen negativen Einfluss auf die Zahl der Hochzeiten. Bestimmt haben sich einige Männer geweigert, während der WM zu heiraten, weil Sie lieber die Spiele sehen wollten, als ihre Hochzeit vorzubereiten. Auch aus Rücksichtnahme auf fußballbegeisterte Gäste haben einige Paare vielleicht darauf verzichtet, im Juni zu heiraten. Außerdem war es in den WM-Städten sicher schwieriger, ein geeignetes Lokal für die Feier zu finden. Für die auswärtigen Gäste wären auch die Hotels teurer gewesen. Letztlich dürfte der Einfluss der Weltmeisterschaft auf das Heiratsverhalten eher gering gewesen sein, schließlich ist den meisten Menschen die Eheschließung doch wichtiger als der Fußball. Trotzdem können Sie im Interview sicher punkten, wenn sie die WM als möglichen Störfaktor berücksichtigen. Wenn Sie annehmen, dass die Zahl der Hochzeiten im Juni 2006 wegen der WM um 10% niedriger war als sie es normalerweise gewesen wäre, so ergibt sich dass im Juni 2006 rund 49.500 Menschen in Deutschland geheiratet haben.

Wann haben Sie sich das letzte Mal gewogen? Das eigene Körpergewicht zu messen ist einfach, Sie stellen sich auf eine Waage und schon wird das Gewicht angezeigt. Wie aber kann man das Gewicht von großen Denkmälern, Inseln oder einer gesamten Stadt messen oder besser gesagt schätzen? Sehen Sie selbst, es ist leichter als gedacht:

61. Manhattan wiegen

Wie schwer ist Manhattan?

Zuerst scheint es unmöglich, ein Gewicht zu bestimmen. Bei diesem Brainteaser kommt es mehr darauf an, einen kreativen Lösungsansatz zu finden, als ein möglichst genaues Ergebnis zu erzielen. Überlegen Sie sich zunächst, welche Faktoren berücksichtigt werden müssen und im wahrsten Sinne des Wortes ins Gewicht fallen. Sie denken bestimmt an die Menschen, die in Manhattan leben und arbeiten, an die Gebäude und Verkehrsmittel wie Autos, Subway, Busse, die Eisenbahn etc. Der schwerwiegendste Faktor ist jedoch ein anderer: Das Gewicht des Untergrundes.

Vielleicht waren Sie schon einmal dort und wissen, dass Manhattan von Norden nach Süden aus ca. 200 Streets besteht. Angenommen zwischen jeder Street befindet sich ein Häuserblock, der etwa 75 Meter lang ist, so erhält man für die Länge von Manhattan einen Wert von 15 Kilometern. Von Osten nach Westen teilt sich Manhattan in zwölf Avenues auf, zwischen denen sich jeweils 330 Meter lange Häuser befinden. Manhattan ist also vier Kilometer breit. Multipliziert man die Länge mit der Breite, ergibt sich für die Grundfläche von Manhattan ein Wert von 60 km^2. Im zweiten Schritt müssen Sie noch die Tiefe berücksichtigen. Sie könnten zum Beispiel annehmen, dass Manhattan genau einen Kilometer tief ist. Natürlich ist dies eine willkürliche Annahme. Das Volumen Manhattans beliefe sich nach dieser Schätzung auf 60 km^3. Das Gewicht wird im dritten Schritt errechnet. Da man weiß, dass Manhattan aus Granit besteht, multipliziert man das Gewicht von 1 m^3 Granit mit dem errechneten Volumen und erhält als Ergebnis das Gewicht von Manhattan. Zu diesem Ergebnis muss man schließlich noch das Gewicht der Menschen, der Bebauung und der Verkehrsmittel hinzufügen und schon weiß man, was Manhattan wiegt.

Sie sehen, dass in dieser Aufgabe so viele Unsicherheitsfaktoren enthalten sind, dass Sie mit Ihren Schätzungen mit Sicherheit ziemlich daneben liegen werden. Allenfalls ein angehender Architekt wird einigermaßen einschätzen können, wie viel ein Wolkenkratzer wiegt. Und wie viel der Untergrund von Manhattan wiegt, ohnehin niemand. Eine richtige Antwort gibt es bei dieser Frage auch gar nicht, was zählt ist, wie gesagt, Ihr Lösungsansatz. Versuchen Sie, möglichst plausible Annahmen zu treffen.

Die nächsten Brainteaser sind komplexer. An die Größenschätzung schließen sich noch weitere Fragen an.

62. Gewinn eines Kaufhauses

Ein großes Kaufhaus mitten in der Kölner Innenstadt hat vier Verkaufsetagen, ist rechteckig nach dem Goldenen Schnitt und hat auf der schmaleren Südseite im zweiten Stock 20 Fenster zu je zwei Meter Breite. Wie groß ist der Gewinn?

Diese Aufgabe ist ein typischer Consulting-Case. Der Gewinn der Kaufhauses ist offensichtlich von der Verkaufsfläche abhängig. Überlegen Sie zunächst, wie der Zusammenhang zwischen der Verkaufsfläche und dem Gewinn ist. Dazu müssen Sie den Gewinn als Funktion der Verkaufsfläche definieren. Indem Sie den Wert der umgesetzten Ware pro Quadratmeter berechnen, stellen Sie eine Verbindung zwischen den zwei Größen her. Die Lösung teilt sich daher in zwei Unterfragen auf: Erstens, wie groß ist das Kaufhaus bzw. die Verkaufsfläche? Zweitens, wie viel Umsatz wird auf der Verkaufsfläche gemacht? Anschließend können Sie über eine hypothetische Umsatzrendite den Gewinn berechnen.

Berechnen Sie zunächst die Größe des Kaufhauses: Aus der Aufgabenstellung wissen Sie, dass die schmalere Seite über 20 Fenster mit je 2 Meter Breite verfügt. Geht man von der Annahme aus, dass die Fenster ohne Abstand direkt aneinander anschließen, so ergibt sich für die Breite des Kaufhauses ein Wert von 20 x 2 m = 40 m. Sie könnten auch annehmen, dass zwischen den Fenstern ein Abstand besteht, dann würde sich die Breite entsprechend vergrößern. Da Sie wissen, dass das Kaufhaus nach dem Goldenen Schnitt zugeschnitten ist, können Sie nun die Länge des Kaufhauses ermitteln. „Goldener Schnitt" bedeutet: Der kleinere Teil verhält sich zum größeren Teil wie der größere Teil zur Gesamten. Das heißt, dass das Verhältnis von Breite und Länge etwa 1:1,6 beträgt. Die Länge des Kaufhauses beträgt demnach 64 Meter.

Alles ganz einfach, wenn man weiß, was ein „Goldener Schnitt" ist. Wenn Sie davon noch nie etwas gehört haben, stehen Sie sicher nicht alleine da. Trotzdem sollten Sie nicht gleich die Flinte ins Korn werfen. Jeder hat schon mal ein Kaufhaus gesehen und kann sich in etwa die Ausmaße vorstellen. Die Verkaufsfläche wird in einem großen Kaufhaus eher quadratisch als schlauchförmig angelegt sein. Wenn Sie nicht wissen, was der Goldene Schnitt ist, dann helfen Sie sich damit weiter, dass Sie zum Beispiel annehmen, dass das Kaufhaus 60 Meter lang ist, oder auch 80 Meter. So können Sie die Lösung immerhin zu Ende führen.

Die Fläche eines Stockwerkes ergibt sich als Multiplikation von Länge und Breite: 40 m x 64 m = 2.560 m^2. Das Kaufhaus hat vier Stockwerke, die Gesamtfläche beträgt 2.560 m^2 x 4 = 10.240 m^2. Davon wird die Fläche abgezogen, die nicht für den Verkauf von Waren zur Verfügung steht, wie zum Beispiel Lagerräume, die Verwaltungsbüros und die Rolltreppen. Wenn Sie annehmen, dass der Anteil dieser Fläche an der gesamten Fläche 10% beträgt, verbleibt eine Verkaufsfläche von 9.216 m^2. Um den gesamten Umsatz zu ermitteln, wird nun die Verkaufsfläche mit einem geschätzten durchschnittlichen Umsatz pro Jahr und Quadratmeter multipliziert. Hierbei sind natürlich gewisse betriebswirtschaftliche Kenntnisse von Vorteil. Der Umsatz pro Quadratmeter wird auch als Flächenproduktivität bezeichnet. Vielleicht sind Ihnen in Ihrem Studium einmal solche Zahlen begegnet. Dann wissen Sie, dass die Flächenproduktivität im Einzelhandel in etwa bei 3.000 Euro liegt. Die Höhe der Produktivität ist auch von der Art des Unternehmens und von regionalen Faktoren abhängig. Wenn Sie die Größenordnung des Umsatzes überhaupt nicht einschätzen können, wird die Beantwortung dieser Aufgabe schwieriger. Sie könnten sich dann damit behelfen, zu überlegen, wie hoch der Umsatz sein könnte, der im Durchschnitt jeden Tag erwirtschaftet wird.

Bei einer Flächenproduktivität von 3.000 Euro ergibt sich bei einer Verkaufsfläche von 9.216 m² ein Jahresumsatz von 27.636.000 Euro für das Kölner Kaufhaus. Damit haben Sie es fast geschafft. Im letzten Schritt müssen Sie jetzt noch vom Umsatz auf den Gewinn schließen. Dazu müssen Sie Annahmen über die Umsatzrendite treffen. Wie hoch diese tatsächlich ist, kann man natürlich nicht pauschal beantworten. Um eine Größeneinschätzung vornehmen zu können, sind auch hier betriebswirtschaftliche Kenntnisse hilfreich. Eine Umsatzrendite von 5 Prozent wäre für ein Kaufhaus sicher ein gutes Ergebnis. Nimmt man an, dass das Kaufhaus tatsächlich eine Umsatzrendite von 5 Prozent erzielt, so ergibt sich ein Jahresgewinn von 1.381.800 Euro.

Abschätzungsfälle orientieren sich nicht immer an realen Größen. Dieser Klassiker fordert auch Ihre Kreativität:

63. Gestresster Weihnachtsmann

Wie viel Zeit hat der Weihnachtsmann pro Kind an Heiligabend?

Überlegen Sie sich zunächst wieder, welche Daten für Ihre Schätzung benötigt werden. Zum einen müssen Sie wissen, wie viele Kinder der Weihnachtsmann beschenken muss. Zum anderen müssen Sie wissen, wie viel Zeit ihm zur Verfügung steht. Der Weihnachtsmann ist eine christliche Tradition, deswegen besucht und beschenkt er auch nur christliche Kinder. Auf der Erde leben insgesamt ungefähr zwei Milliarden Kinder unter 18 Jahren. Wissen Sie, wie viele von ihnen Christen sind? Wir auch nicht, zumindest nicht ohne es irgendwo nachzuschlagen. Sicher wissen Sie aber, dass die Christen einen kleineren Teil der Weltbevölkerung ausmachen. Genau genommen sind es 15 Prozent. Demnach gibt es 300 Millionen Kinder, die an Heiligabend auf Geschenke vom Weihnachtsmann warten.

Kinder wohnen normalerweise nicht alleine, sondern im Haushalt ihrer Eltern. Geht man davon aus, dass in einem Haushalt durchschnittlich drei Kinder wohnen, muss der Weihnachtsmann 100 Millionen Besuche machen. Wie viel Zeit hat der Weihnachtsmann an Heiligabend? Es sind nicht nur 24 Stunden! Wegen den verschiedenen Zeitzonen der Erde hat der Weihnachtsmann an Heiligabend genau 31 Stunden zur Verfügung, um seine Geschenke an die Kinder zu verteilen, wenn er von Osten nach Westen reist. (31 Stunden = 1.860 Minuten = 111.600 Sekunden). Der Verteilungsvorgang besteht aus: Schlitten anhalten, Geschenk schnappen, durch den Schornstein, Geschenk unter den Baum legen, zurück zum Schlitten und weiter zum nächsten christlichen Haushalt. Bei 100 Millionen Haushalten hat der Weihnachtsmann pro Haushalt etwa eine Tausendstelsekunde Zeit.

64. Wie viele Rentiere?

Zusatzfrage: Wie viele Rentiere sind nötig, um den Schlitten des Weihnachtsmannes zu ziehen? Wie schwer ist der Schlitten zu Beginn seiner Tour?

Die Anzahl der Rentiere ist abhängig vom Gewicht des Schlittens, den sie ziehen müssen. Auf dem Schlitten befindet sich zu Beginn der Tour je ein Geschenk für jedes der 300 Millionen Kinder. Angenommen, jedes Kind erhält ein Geschenk, das genau ein Kilogramm wiegt, so wiegt der Schlitten 280 Millionen Kilogramm oder 280.000 Tonnen. Hinzu kommt der Weihnachtsmann mit seinem dicken Bauch, der auch noch 200 Kilo wiegt. Dieses Gewicht kann man hier jedoch vernachlässigen. Der Schlitten hingegen muss das hohe Gewicht der Geschenke aushalten und wiegt daher selbst 10.000 Tonnen. Das Gesamtgewicht von Schlitten und Geschenken liegt bei 290.000 Tonnen. Selbst wenn man von der hoch gegriffenen Annahme ausgeht, dass ein Rentier in der Lage ist, ein Gewicht von einer Tonne zu ziehen, sind 290.000 Tiere für die Fortbewegung des Schlittens notwendig. Aufgrund der begrenzten Zeit müssen sich die Rentiere nicht nur mit dem hohen Gewicht auseinandersetzen, sondern auch ziemlich schnell sein.

Wie es scheint, ist es ein ziemlich schwieriges Unterfangen, als Weihnachtsmann pünktlich alle Geschenke auszutragen.

65. Wie viele Weihnachtsmänner?

Zusatzfrage: Wie viele Weihnachtsmänner müssten in Deutschland realistischerweise unterwegs sein, damit jedes Kind beschenkt werden kann?

In Deutschland ist ungefähr ein Fünftel der Bevölkerung jünger als 18 Jahre, das sind rund 16 Millionen Kinder. Etwa zwei Drittel der Kinder gehören dem christlichen Glauben an. Der Weihnachtsmann muss sich also um ca. zehn Millionen Kinder kümmern. Da die Zahlen ohnehin nur grobe Schätzungen sind, können Sie hier ruhig großzügig runden. Damit machen Sie sich das Rechnen einfacher. In Deutschland gibt es pro Haushalt weniger Kinder als im Durchschnitt der Weltbevölkerung. Bei 1,5 Kindern pro Haushalt muss der Weihnachtsmann ca. sieben Millionen Haushalte besuchen. Ein durchschnittlicher Weihnachtsmann-Arbeitstag an Heiligabend dauert von 14:00 bis 22:00 Uhr, ohne Pause ist dies eine Arbeitszeit von acht Stunden. Anreise, Geschenke verteilen, ein Lied singen, Honorar kassieren – in etwa einer halben Stunde ist ein „Auftritt" erledigt. Ein durchschnittlicher Weihnachtsmann schafft an Heiligabend also genau 16 Haushalte. Um alle Kinder glücklich zu machen, wären daher in ganz Deutschland 437.000 Weihnachtsmänner notwendig.

66. Smarte Smarties

Wie viele Smarties passen in einen Smart?

Um diese Frage beantworten zu können, müssen Sie wissen, wie viel Platz ein Smart bietet und wie viel Platz ein Smartie für sich beansprucht. Dafür brauchen Sie zwei Größen: das Volumen eines Smarties und das Volumen des Smarts. Anschließend können Sie die zwei Größen ins Verhältnis setzen und erhalten die Anzahl der Smarties, die einen Smart ausfüllen.

Als Erstes schätzen wir, wie viel Platz ein Smartie beansprucht. Dazu könnte man das Volumen eines Smarties berechnen. Allerdings dürfte dies einige Schwierigkeiten bereiten, wenn man die entsprechenden Formeln nicht parat hat. Außerdem entstehen durch die runde Form des Smarties Hohlräume im Auto, die nicht ausgefüllt werden. Wir machen es uns ein bisschen einfacher und nehmen an, dass das Smartie Platz in der Form eines Quaders für sich beansprucht.

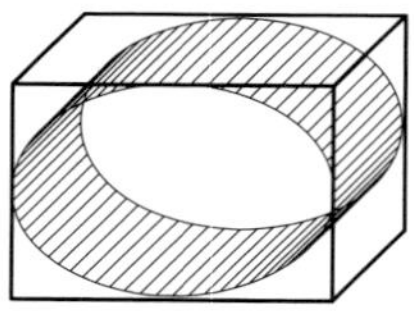

Annäherung einer Ellipse an einen Quader

Um das Volumen eines Quaders berechnen zu können, benötigt man dessen Länge, Breite und Höhe. Breite und Länge sind in diesem Fall gleich und entsprechen dem Durchmesser eines Smarties. Dieser dürfte ungefähr einen Zentimeter betragen. Die Höhe eine Smarties schätzen wir auf 0,5 Zentimeter. Das Volumen V wird berechnet aus der Multiplikation von Länge l, Breite b und Höhe h. Die Formel lautet:

$$V = l \times b \times h$$

Setzen Sie die Werte in die Formel ein:

$$V_{Smartie} = 1 \times 1 \times 0{,}5 = 0{,}5 \ cm^3$$

Ein Smartie beansprucht nach dieser Schätzung also einen halben Kubikzentimeter Platz. Kommen wir nun zum Volumen des Smarts. Auch hier müssen Sie vereinfachende Annahmen treffen. Ein Smart hat in etwa folgende Maße: Länge = 2,5 m, Breite = 1,5 m, Höhe = 1,5 m.

Wenn wir auch hier vereinfachend von einer Quaderform ausgehen beträgt das Volumen des Smarts:

$$V_{Smart} = 2{,}5 \times 1{,}5 \times 1{,}5 = 5{,}652 \ m^3$$

Allerdings muss man davon noch den Platz für den Motor, die Innenausstattung, die Karosserie etc. abziehen. Wir schätzen, dass für die Smarties ein freier Raum von. ca. 3,5 m^3 verbleibt.

Nun müssen Sie noch beide Größen in der gleichen Einheit ausdrücken: 3,5 m^3 = 3.500.000 cm^3.

Teilen Sie das Volumen des Smarts durch das Volumen eines Smarties und Sie erhalten das Ergebnis:

$$\frac{3.500.000}{0{,}5} = 7.000.000$$

In einen Smart passen sieben Millionen Smarties.

Kapitel 6: Andere Logeleien

Die folgenden Aufgaben sind Logikaufgaben, bei denen Ihr mathematisches Verständnis, Ihre analytischen Fähigkeiten und Ihr Sprachvermögen getestet werden. Diese Art von Aufgaben kommt häufig bei Intelligenztests vor. An dieser Stelle wollen wir nur einige grundlegende Aufgabenarten vorstellen. Wer sich speziell auf diese Art von Tests vorbereiten möchte, erhält entsprechende Buchtipps auf:

→ www.squeaker.net/buchtipps.

Die Lösungen zu den folgenden Aufgaben finden Sie im Anschluss an Kapitel 7.

67. Zahlenreihen

Zahlenreihen kennen Sie vielleicht schon aus Ihrer Schulzeit. Es wird Ihnen eine Reihe an Zahlen vorgegeben und Sie müssen erkennen, wie die Reihe fortgesetzt wird. Die Zahlen sind nicht willkürlich angeordnet, sondern folgen einem Schema. Versuchen Sie, das Schema oder die Gesetzmäßigkeit zu entdecken. Dann ist die Fortsetzung der Reihe ein Kinderspiel. Um Zahlenreihen zu enttarnen, brauchen Sie meistens die vier Grundrechenarten. Eine Zahlenreihe kann so aufgebaut sein:

2 – 8 – 4 – 16 – 8 – 32 – 16 – ??

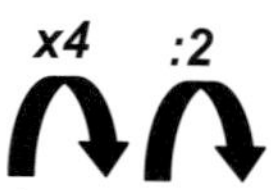

2 – 8 – 4 – 16 – 8 – 32 – 16 – ***64*** *–* ***32*** *–* ***128*** *– ...*

Probieren Sie sich an den nächsten Zahlenreihen, oder entwerfen Sie selbst welche!

a) 5 – 20 – 10 – 25 – 15 – 30 – 20 – ...

b) 1 – 2 – 4 – 7 – 11 – 16 – 22 – ...

c) 1 – 2 – 6- 12 – 20 – 30 – 42 – ...

d) 10 – 22 – 64 – 258 – 1288 – ...

e) 4 – 24 – 6 – 36 – 216 – 54 – ...

68. Figurenfolgen

Bei Figurenfolgen steht wie bei den Zahlenfolgen ein logisches Schema hinter der Abfolge der Bilder. Zur Hilfestellung sind Ihnen bei diesen Aufgaben Lösungsvorschläge angegeben. Beginnen wir mit einer einfachen Zahlenfolge als Einstieg:

a)

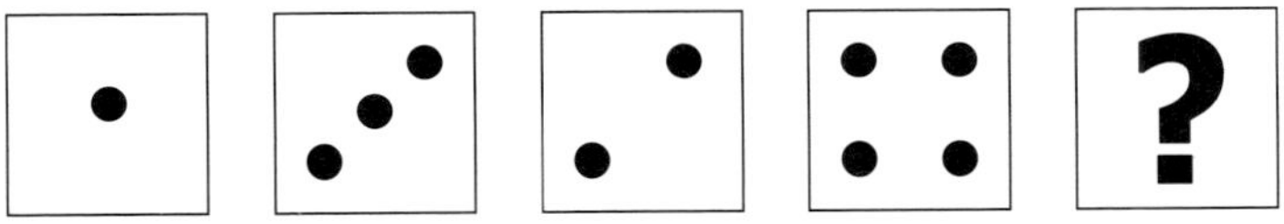

Suchen Sie aus den folgenden Möglichkeiten die richtige Antwort aus:

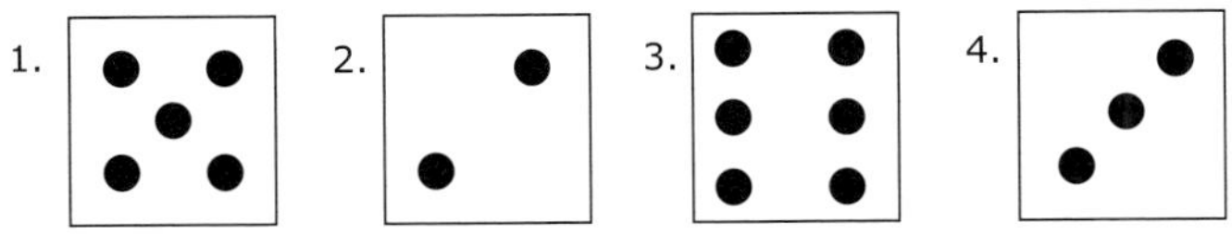

Probieren Sie die nächsten Figurenfolgen:

b)

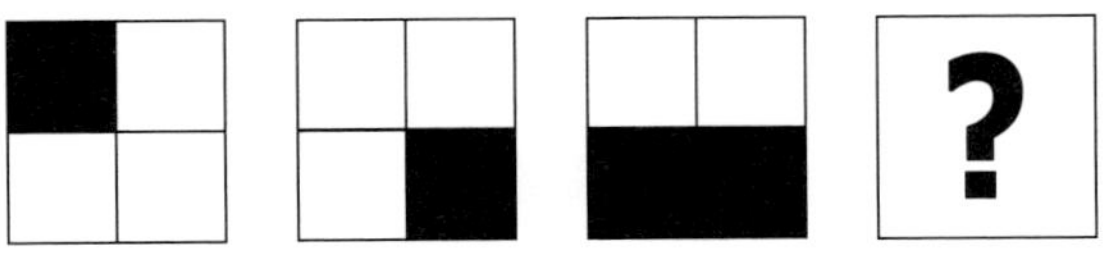

Welcher der Vorschläge ist die richtige Lösung?

1. 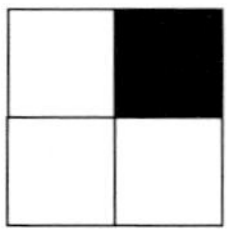 2. 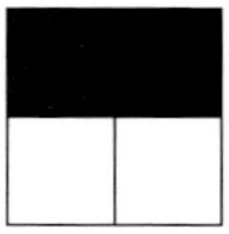 3. 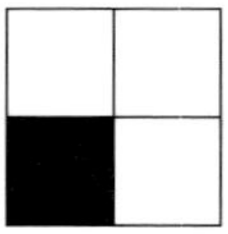 4. 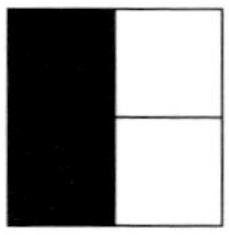

c)

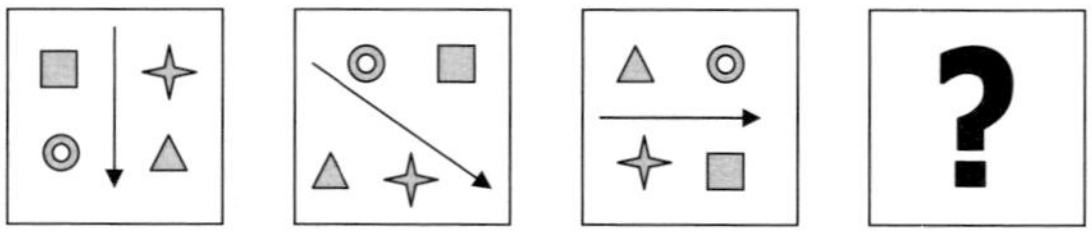

Wählen Sie aus den verschiedenen Lösungsmöglichkeiten:

1. 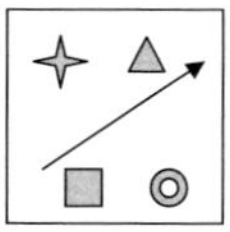 2. 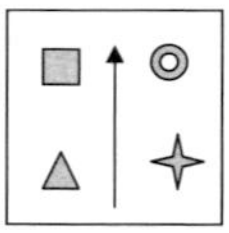 3. 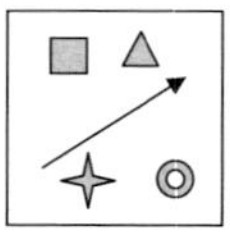 4. 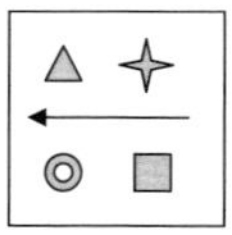

Die beiden nächsten Aufgaben müssen Sie selbständig lösen, hier sind keine Lösungsvorschläge mehr angegeben:

d)

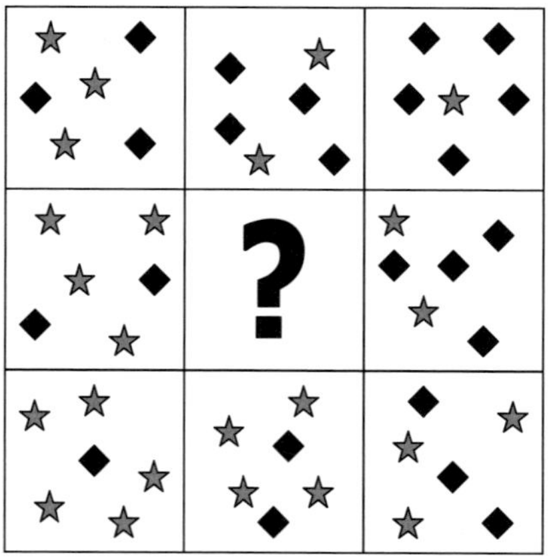

Wie muss das fehlende Kästchen aussehen?

e)

A	B	C
C	E	?
F	I	L

Hier ist der richtige Buchstabe gesucht. Kennen Sie die Lösung?

69. Analogien

Sie hören „Mutter und Tochter" und erkennen sofort eine Beziehung zwischen den Begriffen. Eine vergleichbare Beziehung besteht zwischen Vater und Sohn. Bei Sprachanalogien geht es darum, diese Beziehungen zu erkennen und so den richtigen Begriff zu finden. Beispiel: „Küche" verhält sich zu „Herd" wie „Schlafzimmer" zu ??? Sie haben vier Lösungsmöglichkeiten vorgegeben: Schrank, Bett, Couch, Tisch. Richtig ist natürlich das Bett.

Lösen Sie die nächsten Analogien:

a) Zug zu Bahnhof, wie Flugzeug zu ???
Lösungsvorschläge: Himmel, Landebahn, Flughafen, Straße.

b) Meer zu Wal, wie Land zu ???
Lösungsvorschläge: Löwe, Nilpferd, Gorilla, Elefant.

70. Oberbegriffe

Vorgegeben sind drei Begriffe, gesucht ist ein Oberbegriff, der die Begriffe zusammenfasst. Zur Verdeutlichung hier ein Beispiel: Messer, Gabel, Löffel. Oberbegriff: Besteck.

Weitere Rätsel:

a) Fernseher, Computer, Waschmaschine.
b) Fahrrad, Auto, Eisenbahn.
c) Tag, Datum, Monat.
d) Block, Stift, Radiergummi.
e) Frankreich, Polen, Griechenland.

71. Brücke zwischen zwei Begriffen

Gegeben sind zwei Begriffe, die auf den ersten Blick in keinem Zusammenhang zueinander stehen. Durch das Einfügen eines Wortes wird eine sprachliche Brücke gebildet. Ein Beispiel: Haus – gesuchter Begriff – Griff. Der gesuchte Begriff ist „Tür". Die Haustür hat einen Türgriff.

Weitere Aufgaben:

a) Fahrrad - ??? – Garten
b) Buch - ??? – Lokal
c) Regen - ??? – Mütze
d) Kartoffel - ??? – Schüssel
e) Fuß - ??? – Junge

72. Thema gesucht

Was ist das Thema? Sie haben vier Begriffe vor sich, die sich durch das Voranstellen eines einzigen Wortes verbinden lassen. Ein Beispiel: Messer, Kuchen, Glocke, Füße. Die Lösung ist „Käse-": Käsemesser,

Käsekuchen, Käseglocke und Käsefüße. Suchen Sie für die folgenden Aufgaben den passenden Begriff: Industrie, Reifen, Versicherung, Panne. Die Lösung ist das Wort „Auto". Setzen Sie den Begriff ein: Autoindustrie, Autoreifen, Autoversicherung, Autopanne.

Weitere Aufgaben:

a) Flasche, Berg, Gut, Kenner.

b) Korb, Spaziergang, Matte, Haus.

c) Quelle, Schalter, Schutz, Bild.

d) Fläche, Kohl, Kern, Pflanze.

Kapitel 7: Brainteaser selbständig lösen

In den vorangegangenen Kapiteln haben wir Ihnen Strategien aufgezeigt, mit denen Sie Brainteaser erfolgreich lösen können. Sie sollten nun wissen, wie Sie solche Denkaufgaben angehen und welche Aspekte Sie beachten müssen. In diesem Kapitel haben wir noch einmal 40 Brainteaser quer durch alle Kategorien zusammengestellt, für die Sie selbständig nach Lösungen suchen sollen. Erinnern Sie sich dabei an das, was wir Ihnen in diesem Buch vermittelt haben. Die Lösungen finden Sie im Anschluss an dieses Kapitel kurz skizziert.

73. Tierhandel

Bauer Wulstkopf geht zum Viehmarkt, um neue Tiere zu kaufen. Er hat 100 Taler und will dafür hundert Tiere kaufen. Es soll mindestens eine Kuh, mindestens ein Schaf und mindestens ein Huhn dabei sein. Eine Kuh kostet zehn Taler, ein Schaf einen Taler und für einen Taler bekommt man acht Hühner. Wie viel Stück von jedem Tier muss Bauer Wulstkopf kaufen, damit er genau 100 Tiere für 100 Taler bekommt?

74. Der einsame Cowboy

Der einsame Cowboy Luke erreicht am Freitag eine Stadt. Dort bleibt er fünf zusammenhängende Tage (d.h. fünfmal 24 Stunden). Luke verlässt die Stadt am Freitag. Wie ist das möglich?

75. Rohes Ei

Ein rohes Ei wird aus einer Höhe von 2,50 Metern fallen gelassen. Wie kann man das Ei schützen, damit es den Fall heil übersteht? Sie können beliebig viele Hilfsmittel benutzen.

76. Der Bergsteiger

Ein Bergsteiger geht um 8:00 Uhr morgens am Fuß eines Berges los, und legt in drei Stunden 500 Höhenmeter zurück. An diesem Punkt macht er eine 30-minütige Pause, um dann in den darauf folgenden zwei Stunden weitere 300 Höhenmeter bis zum Gipfel zurückzulegen. Er übernachtet auf dem Gipfel, und geht am nächsten Tag dieselbe Strecke wieder bergab. Der Abstieg beginnt um 8:00 Uhr morgens. Diesmal macht er jedoch schon nach zwei Stunden eine 30-minütige Pause, und kommt insgesamt nach vier Stunden wieder am Fuß des Berges an. War der Bergsteiger an beiden Tagen zur selben Tageszeit am selben Ort?

77. Wie viele „Dreien"?

Wie viel Prozent der natürlichen Zahlen beinhalten mindestens einmal die Ziffer „Drei"?

78. Spaziergang

Ein Mann verlässt seine Behausung, geht fünf Kilometer nach Süden, dann fünf Kilometer nach Westen, schließlich fünf Kilometer nach Norden um anschließend wieder genau vor seiner Hütte zu stehen. Wie geht das?

79. Die Bärenjagd

Ein Jäger verlässt seine Behausung, geht fünf Kilometer nach Süden und dann fünf Kilometer nach Westen. Er erlegt einen Bären und geht anschließend fünf Kilometer nach Norden bis zu seiner Hütte zurück. Welche Farbe hat der Bär?

80. Der Glasbehälter

Ihre Traumfirma hat Sie zum Interview eingeladen. Sie haben einen quadratischen Glasbehälter vor sich auf dem Tisch stehen. Es sieht so aus, als ob er genau zur Hälfte gefüllt sei. Ihre Gesprächspartnerin fragt: „Ist das Glas halb voll oder halb leer?" Sie sagen halb voll. Darauf sagt sie barsch „Dies ist kein Persönlichkeitstest. Messen Sie es GENAU." Sie haben keinerlei Lineale, Stifte oder sonstige Hilfsmittel. Wie können Sie die Frage trotzdem exakt beantworten?

81. Uhrzeiger

Wie groß ist der Winkel von Stunden- und Minutenzeiger einer Uhr um 15:15 Uhr?

82. Marsmännchen

Auf dem Mars leben kleine Männchen. Es gibt grüne und rote Marsmännchen. Ein Marsmännchen kann die anderen sehen und erkennen, welche Farbe die anderen haben, weiß aber nicht, welche Farbe es selbst hat. Leider können die Marsmännchen nicht miteinander kommunizieren, weder verbal, noch durch Gesten oder Körpersprache. Trotzdem bleiben sie ihrem Brauch treu und treffen sich einmal im Jahr, um sich in einer langen Reihe nach Farben sortiert aufzustellen. Am Ende stehen immer alle grünen Marsmännchen auf der einen Seite, die roten auf der anderen. Wie machen sie das?

83. Uhrzeit

Wenn es zwei Stunden später wäre, wäre es halb so lang bis Mitternacht, als wenn es eine Stunde später wäre. Wie spät ist es?

84. Vogelflug

Ein Zug verlässt den Kölner Bahnhof in Richtung Frankfurt. Er fährt dabei durchgängig mit einer Geschwindigkeit von 200 km/h. Zeitgleich fährt ein Zug vom Frankfurter Bahnhof in Richtung Köln ab. Er fährt ebenfalls 200 km/h und ist auf der gleichen Strecke unterwegs. Die Zugstrecke Köln - Frankfurt ist 200 Kilometer lang. Wenn ein Hochgeschwindigkeitsvogel mit 300 km/h zeitgleich mit dem ersten Zug Köln verlässt, und so lange zwischen den beiden Zugspitzen hin und her fliegt, bis die beiden Züge sich treffen, wie weit ist er dann geflogen?

85. Wasserspiegel

Sie sind in einem Ruderboot auf einem kleinen Teich und haben den Anker ausgeworfen. Was passiert, wenn Sie den Anker wieder einholen? Wird sich der Wasserspiegel senken, heben oder wird er gleich bleiben?

86. Im Schneckentempo

Eine Schnecke möchte einen fünf Meter hohen Baum hochklettern. Tagsüber schafft sie es, drei Meter hoch zu kommen, aber nachts rutscht sie wieder zwei Meter runter. Nach wie vielen Tagen kommt die Schnecke oben an?

87. Kanaldeckel

Warum sind Kanaldeckel rund?

88. In Vino Veritas

Sie haben ein Glas Rotwein und ein Glas Weißwein vor sich stehen. Da Sie gerne Rosé mögen, schöpfen Sie von dem Rotwein einen Esslöffel ab und schütten diesen in den Weißwein. Das Ganze mischen Sie gut durch, nehmen dann von dem Gemisch einen Esslöffel ab und schütten diesen zurück in das Glas Rotwein. Sie haben jetzt wieder die gleiche Flüssigkeitsmenge in beiden Gläsern. Aber: Haben Sie nach dieser Aktion mehr Weißwein im Rotwein als Rotwein im Weißwein oder umgekehrt?

89. Hundert Schränke

Nehmen Sie an, Sie sind in einem Gang mit hundert verschlossenen Schränken. Zunächst öffnen Sie alle hundert Schränke, danach schließen Sie jeden zweiten wieder. Dann gehen Sie zu jedem dritten Schrank und schließen ihn, wenn er offen ist – bzw. öffnen ihn, wenn er geschlossen ist. Nach demselben Prinzip fahren Sie fort, den Zustand der Schränke zu verändern (den Zustand jedes vierten, fünften, n-ten Schrankes bei dem vierten, fünften, n-ten Durchgang). Nach dem 100sten Durchgang, in dem Sie nur den Zustand des 100sten Schrankes verändern, wie viele Schränke sind dann noch offen?

90. Adam und Eva

Ein Mann kommt in den Himmel und findet sich inmitten einer großen Menschenmenge. Alle Menschen sind nackt und sehen aus, wie sie an ihrem 21. Geburtstag aussahen. Der Mann sieht sich um, um nach ihm bekannten Gesichtern zu suchen, und es dauert nicht lange, bis er Adam und Eva in der Menschenmenge erkennt. Wie ist das möglich?

91. Eieruhr

Sie möchten ein Neun-Minuten-Ei haben. Leider haben Sie nur eine Sanduhr mit sieben Minuten und eine Sanduhr mit vier Minuten zur Verfügung. Um wie viele Minuten weicht Ihr bestes Ergebnis von den neun Minuten ab und wie müssen Sie die Sanduhren dazu stellen?

92. Blatt falten

Ein zwei Millimeter dickes Blatt wird 30 Mal gefaltet wird. Wie dick ist das gefaltete Blatt?

93. Der Managerurlaub

Die fünf Manager Markus Bär, Simon Gans, Arthur Kater, Jens Löwe und Tom Ziege machen Urlaub im Schlosshotel. Die fünf Herren stammen aus Berlin, Dresden, Hamburg, Frankfurt und München und sind von Beruf Bankier, Fabrikant, Headhunter, Ingenieur und Verleger. Sie bleiben unterschiedlich lange im Schlosshotel: der Aufenthalt ist vier, fünf, sechs, sieben oder acht Tage lang. Der Manager aus Dresden will sich sieben Tage erholen. Der Fabrikant Arthur Kater bleibt länger im Schlosshotel als der Herr aus Frankfurt. Der Verleger – er lebt nicht in Berlin – wird sich sechs Tage im Schlosshotel aufhalten. Der Manager, der sich fünf Tage erholen will, ist von Beruf nicht Ingenieur. Bei dem Headhunter handelt es sich nicht um den Hamburger Jens Löwe. Der Bankier aus München – bei ihm handelt es sich nicht um Markus Bär – wird zwei Tage länger im Schlosshotel bleiben als Tom Ziege. Wer macht was, kommt woher und bleibt wie lange im Hotel?

94. Fahrräder

Wie viele Fahrräder gibt es in China?

95. Die Girlgroup

Sie sind der Manager einer sehr erfolgreichen Girlgroup und hatten ein wunderbares Dinner mit den vier bezaubernden Bandmitgliedern. Plötzlich bemerken Sie, dass die Band schon in 17 Minuten ihren Auftritt auf der nahe gelegenen Bühne hat. Das Problem ist, dass es zwischen dem

Restaurant und der Bühne als einzige Verbindung eine sehr schmale Brücke gibt, die höchstens zwei Mädchen auf einmal überqueren können. Natürlich sind nicht alle vier Bandmitglieder gleich schnell.

Anna ist die Langsamste und braucht zehn Minuten, um die Brücke zu überqueren. Sophie ist ein bisschen schneller und benötigt fünf Minuten. Cindy braucht nur zwei Minuten und Lea sogar nur eine Minute. Es gibt aber noch mehr Probleme: Es ist dunkel draußen und die vier Bandmitglieder haben Angst, im Dunkeln über die Brücke zu gehen. Glücklicherweise haben Sie wenigstens ein Feuerzeug dabei, das Sie den Mädchen geben können. Das ist aber auch die einzige Lichtquelle, die es gibt. Auf Sie kommt also die folgende schwere Aufgabe zu: Erklären Sie den vier Mädchen, wie Sie es schaffen können, noch rechtzeitig zu ihrem Auftritt zu kommen, ohne dass eine von ihnen im Dunkeln über die Brücke gehen muss. Vergessen Sie nicht, dass die Brücke höchstens zwei Personen gleichzeitig tragen kann. Wenn zwei Mädchen gleichzeitig die Brücke überqueren, bestimmt natürlich die langsamere der beiden das Tempo.

96. Schnelles Altern

Heute ist Anna 18 Jahre alt. Vorgestern war Anna 17 Jahre alt. Nächstes Jahr wird sie 20 Jahre alt. Ihr Geburtstag ist nicht der 29. Februar. Anna hat, wie alle anderen Menschen, einmal im Jahr Geburtstag und altert nicht schneller. Wie ist dieser Fall möglich?

97. Die Schleuse

Wie viele Pumpen benötigt man für den Betrieb einer in beide Richtungen befahrbaren Schleuse?

98. Rechenfehler

Also, es sei $x=1$. Multipliziert man beide Seiten mit (-1) und addiert auf beiden Seiten x^2, so erhält man: $(x^2)-x=(x^2)-1$. Durch Ausklammern erhält man: $x(x-1)=(x+1)(x-1)$. Die Division beider Seiten durch $(x-1)$ ergibt: $x=x+1$. Also ist $1=2$. Wo ist der Haken?

99. Die Wüstenforscher

Drei Forscher sind auf einer Wüstenexpedition in Not geraten. Sie befinden sich in ihrem Lager fern ab der Zivilisation. Ihre Essens- und Trinkvorräte reichen nur noch für wenige Wochen. Wenn sie nicht bald sterben wollen, müssen sie es irgendwie schaffen, Hilfe zu holen. Sie wissen, dass das nächste Dorf sechs Tagesmärsche vom Lager entfernt ist. Das Problem ist, dass die Forscher von der Hitze schon so geschwächt sind, dass jeder von Ihnen nur Essen und Wasser für vier Tage tragen kann. Schaffen sie es, dass sie alle drei gerettet werden?

100. Wie alt ist Agnes?

Maria ist 24 Jahre alt. Sie ist doppelt so alt, wie Agnes war, als Maria so alt war, wie Agnes jetzt ist. Wie alt ist Agnes?

101. Die schöne Prinzessin

Prinzessin Sabrina hat drei Verehrer, die um ihre Hand werben. Der König möchte seine Tochter mit dem intelligentesten Mann verheiraten. Er stellt den Verehrern folgende Prüfung: Er verbindet den drei Verehrern die Augen und malt ihnen einen Punkt auf die Stirn. Dann spricht er: „Jeder von Euch hat einen Punkt auf der Stirn. Er ist entweder blau oder gelb. Mindestens einer von Euch hat einen blauen Punkt auf der Stirn. Ich nehme Euch nun die Augenbinden ab. Der erste, der mir sagt, welche Farbe sein Punkt hat, wird meine Tochter heiraten." Der König nahm nun nacheinander jedem die Augenbinde ab, zuletzt dem Prinzen Roland. Roland blickt in die Runde und sieht nur blaue Punkte. Nach einer sehr langen Stille steht Prinz Roland auf und nennt die richtige Farbe seines Punktes. Welche war es und woher wusste er es?

102. Zahlenspiel

Sie haben die vier Zahlen 3, 3, 8, 8 und die Rechenzeichen +, -, x, / zur Verfügung. Klammern sind ebenfalls erlaubt. Wie gelingt es Ihnen, aus den vier Zahlen 24 zu erhalten. Jede Zahl muss genau ein Mal vorkommen. Seltsame „Tricks" werden nicht benötigt. Erlaubt ist nur herkömmliches Rechnen, wie zum Beispiel 8 x 3 + 8 - 3.

103. Euros im Stadion

Wie viele Ein-Euro-Münzen befanden sich während des Endspiels der Fußballweltmeisterschaft 2006 im Berliner Olympiastadion?

104. Fachsimpelei

Zwei Mathematikprofessoren treffen sich morgens vor dem Bäckerladen. „Wie geht es denn so? Zu Hause alle gesund?" fragt der eine. „Danke gut! Auch den Kindern geht es bestens!" „Ach ja, du hast ja drei Kinder! Wie alt sind die denn jetzt?" „In der Summe ergibt sich Dreizehn und das Produkt ist die Hausnummer des Bäckerladens!" Der eine überlegt einen Moment und sagt dann: „Da fehlt aber noch eine Information!" „Stimmt!", sagt der andere, „Der Älteste will Schreiner werden!" Wie alt sind die Kinder?

105. Königliche Hochzeit

Der arme, aber ehrliche Edelmann Siegmund und die Prinzessin Viktoria möchten gegen den Willen ihres Vaters heiraten. Der König macht Siegmund ein Angebot: „Aus dieser goldenen Schachtel kannst Du eine von zwei Karten ziehen, von denen eine mit „Hochzeit" und eine mit „Hinrichtung" beschriftet ist." Viktoria kann Siegmund jedoch warnen und raunt ihm zu: „Vorsicht, mein Geliebter! Auf beiden Karten steht Hinrichtung!" Am nächsten Tag heiraten die beiden. Wie ist das möglich?

106. Blonde Schönheit

Bei einer Party flirten Markus, Reiner und Jochen kräftig mit einer jungen, blonden Schönheit. Einer der drei fragt: „Sag mal, wie alt bist du denn?" „Na, schätzt doch mal!" Reiner meint: „Also, ich würde sagen 26." „Neee", meint da Markus „doch nicht so alt, also du siehst höchstens wie 22 aus!" „Also so jung nun auch nicht", sagt Jochen „ich denke 23." „Hmmm", meint da die Blondine, „ihr habt alle drei daneben getippt. Einer hat sich um ein Jahr, einer um zwei Jahre und einer gar um drei Jahre vertan! Nun, jetzt solltet ihr aber wissen wie alt ich bin!"

107. Wässrige Gurke

Sie haben eine Gurke, die 1.200 Gramm wiegt. Ihr Wassergehalt beträgt 99 Prozent. Wie viel wiegt die Gurke, wenn der Wassergehalt auf 98 Prozent sinkt?

108. Das Würfelspiel

Ein Holzwürfel mit der Seitenlänge von drei Zentimetern wird von allen Seiten blau angemalt und anschließend in kleine Würfel mit einer Seitenlänge von jeweils einem Zentimeter zerschnitten. Anschließend werden alle kleinen Würfel auf den Boden geworfen. Wie hoch ist die Wahrscheinlichkeit, dass alle Würfel mit einer blauen Seite nach oben zeigen?

109. Vergifteter Wein

Königin Xanthalia hat in ihrem Weinkeller 1.000 Flaschen Wein. Sie weiß, dass ein böser König aus einem Nachbarland Spione geschickt hat, um sie zu vergiften. Tatsächlich wird ein Einbrecher gefangen genommen. Xanthalias Diener wissen nicht, welche Flasche vergiftet wurde, sie wissen nur, dass es genau eine ist. Sie wissen auch, dass das Gift selbst 1.000.000-fach verdünnt noch immer tödlich wäre und dass die Effekte des Giftes sich erst nach einem Monat zeigen. Deswegen beschließt die Königin, den Wein an Gefangenen im Kerker auszuprobieren. Doch Xanthalia will nicht, dass viele Gefangene sterben müssen und gibt daher ihren Dienern den Auftrag, mit nur zehn Gefangenen innerhalb von fünf Wochen herauszufinden, welche Flasche vergiftet ist. Wie schaffen sie das?

110. An der Bushaltestelle

Sie sind an einem Herbstabend in Ihrem zweisitzigen Sportwagen auf dem Weg von der Arbeit nach Hause. Draußen stürmt und regnet es. Als Sie an einer Bushaltestelle vorbeifahren, bemerken Sie, dass dort etwas nicht stimmt. Sie halten an und sehen, dass eine ältere Dame offenbar eine Herzattacke erlitten hat und dringend ins Krankenhaus gefahren werden muss. Zufällig steht an der Bushaltestelle auch Ihr alter Studienfreund Daniel, dem Sie durch so manche Prüfung geholfen haben. Er kümmert sich gerade um die ältere Dame. Außerdem bemerken Sie erfreut, dass die schöne junge Dame aus Ihrer Nachbarschaft, auf die Sie schon länger ein Auge geworfen haben, auch auf den Bus wartet.

Sonst ist weit und breit niemand zu sehen. Was sollten Sie in dieser Situation tun?

111. Das Münzenspiel

Sie sitzen einem Gegenspieler an einem runden Tisch gegenüber. Jeder hat eine große Anzahl von Ein-Cent-Münzen zur Verfügung. Das Spiel besteht darin, dass einer beginnt, eine Münze auf dem Tisch zu platzieren und danach abwechselnd so lange Münzen gelegt werden, bis keine weitere Münze ohne Überlappung hinzugefügt werden kann. Die Münzen können beliebig platziert werden, dürfen aber nicht über den Tischrand hinausragen. Es hat derjenige von Euch gewonnen, der die letzte Münze legen kann. Sie möchten natürlich gewinnen. Ihr Gegenüber bietet Ihnen an, dass Sie den ersten Zug machen dürfen. Nehmen Sie dieses Angebot an?

112. Durchschnittsverdienst

Neun Unternehmensberater sitzen beim Abendessen zusammen und diskutieren über ihre Gehälter. Alle wollen wissen, wie viel sie im Vergleich zum Durchschnitt verdienen, aber niemand will seinen Verdienst den anderen mitteilen. Wie kann man den Durchschnittsverdienst der neun Berater ermitteln, wenn keine anderen Hilfsmittel (wie Papier, Stifte, PDAs) zur Verfügung stehen?

113. Der Bücherwurm

Sie haben ein Lexikon, das aus zehn Bänden besteht, die in aufsteigender Reihenfolge nebeneinander im Regal stehen. Jeder Band besteht aus 100 Blättern. Ein Bücherwurm frisst sich vom ersten Blatt des ersten bis zum letzten Blatt des letzten Bandes. Wie viele Blätter hat er durchfressen?

114. Buchstabensalat

4 x ABCDE = EDCBA

Jeder Buchstabe ist eine Zahl. Welche Zahlen erfüllen die Gleichung?

115. Schokoriegel

In einer Firma, die Schokoriegel herstellt, stehen drei Maschinen. Eine dieser Maschinen hat einen Defekt und produziert Riegel, die anstatt 70 Gramm nur 80 Gramm wiegen. Wie kann man durch einmaliges Wiegen auf einer Digitalwaage herausfinden, welche der drei Maschinen defekt ist?

116. Sicher ist sicher

Ein reicher Kaufmann will seinem Vetter einen besonders wertvollen Gegenstand schicken. Dazu möchte er eine kleine Truhe verwenden, die man durch einen Ring mit einem Vorhängeschloss sichern kann. Nun hat der Kaufmann mehrere Schlösser mit den passenden Schlüsseln dazu, doch leider hat sein Vetter keinen einzigen Schlüssel zu einem dieser Schlösser. Der Kaufmann traut dem Boten jedoch nicht besonders. Wie kann er es anstellen, seinem Vetter den wertvollen Gegenstand zu schicken, ohne dass der Bote eine Chance hat, die Truhe zu öffnen?

117. Der Schwimmer

Ein Schwimmer braucht in einem 50-Meter-Becken für 20 Bahnen 16 Minuten. An einem Tag ist plötzlich eine Gegenstromanlage in Betrieb, die mit einer Geschwindigkeit von 0,5m/s konstant in die gleiche Richtung strömt. Der Schwimmer schwimmt trotzdem seine 20 Bahnen. Ist der Schwimmer immer gleich schnell oder hat die Gegenstromanlage einen Einfluss auf seine geschwommene Zeit?

118. Die Abtei

In einer Abtei leben 100 Mönche. Es herrschen sehr strenge Regeln. Jegliche Art der Kommunikation zwischen den Mönchen ist verboten (keine Sprache, Zeichensprache, Körpersprache, etc.). Die Mönche leben fast den ganzen Tag in ihren spartanisch eingerichteten Einzelzimmern. Nur während der Abendandacht und des anschließenden Essens sehen sich die Mönche. An einem Abend teilt der Abt den Mönchen mit: Unter uns ist eine tödliche Krankheit ausgebrochen, die sehr ansteckend ist. Er bittet die von der Krankheit betroffenen Mönche, die Abtei zu verlassen, um die anderen nicht zu gefährden. Man erkennt die Krankheit an einem roten Fleck auf der Stirn. Nach einer Woche verlassen genau die sieben Mönche die Abtei, die von der Krankheit befallen waren. Wie konnten sie wissen, dass sie krank waren, obwohl es keine Kommunikation und auch keine Spiegel gab?

119. Der tüchtige Kaufmann

Ein Kaufmann entwickelt einen Geschäftsplan für den Handel mit Kartoffeln. Er kalkuliert, dass er binnen eines Jahres Millionär sein wird, wenn er das Kilo Kartoffeln zu drei Euro einkauft und für zwei Euro weiterverkauft. Sein Geschäftsplan und seine Berechnungen stimmen. Wie kann das sein?

120. Fleißige Gärtner

25 Gärtner arbeiten täglich acht Stunden und stellen eine Grünanlage von 8.000 m^2 in 32 Tagen fertig. Wie lange brauchen 20 Gärtner für 12.000 m^2, wenn Sie täglich zwölf Stunden lang arbeiten?

121. Ziffernblatt

Wie oft innerhalb von zwölf Stunden überkreuzen sich der Stunden- und der Minutenzeiger einer Uhr?

Lösungen zu Kapitel 7

67. Zahlenreihen

a) 5 – 20 – 10 – 25 – 15 – 30 – 20 – **35** – **25** – **40** – ...
Schema: (+15), (-10), (+15), (-10), ...

b) 1 – 2 – 4 – 7 – 11 – 16 – 22 – **29** – **37** – **46** – ...
Schema: (+1), (+2), (+3), (+4), (+5), (+6), (+7), (+8), ...

c) 1 – 2 – 6 – 12 – 20 – 30 – 42 – **56** – **72** – **90** – ...
Schema: (1 x 1), (1 x 2), (2 x 3), (3 x 4), (4 x 5), (5 x 6), (6 x 7), (7 x 8), (8 x 9), (9 x 10), ...

d) 10 – 22 – 64 – 258 – 1288 – **7730** – **54108** – **432866** – ...
Schema: (x 2, +2), (x 3, -2), (x 4, +2), (x 5, -2), (x 6, +2), (x 7, -2), (x 8, +2), ...

e) 4 – 24 – 6 – 36 – 216 – 54 – **2916** – **17496** – **4374** – ...
Schema: (x 6), (: 4), (Quadrat), (x 6), (: 4), (Quadrat), ...

68. Figurenfolgen

a) Bild Nr. 4. Die Folge setzt sich in Zweier-Schritten fort.
b) Bild Nr. 2.
c) Bild Nr. 1.
d)

e)

G

69. Analogien

a) Flughafen

b) Elefant

70. Oberbegriffe

a) Elektrogeräte

b) Transportmittel

c) Kalender

d) Schreibwaren

e) Europäische Union

71. Brücke zwischen zwei Begriffen

a) Schloss

b) Laden

c) Schirm

d) Salat

e) Ball

72. Thema gesucht

a) Wein-

b) Strand-

c) Licht-

d) Grün-

73. Tierhandel

Bauer Wulstkopf muss sieben Kühe, 21 Schafe und 72 Hühner kaufen. Die Lösung erhält man durch ein Gleichungssystem mit zwei Gleichungen und zwei Nebenbedingungen:

$$(I).\ K + S + H = 100$$
$$(II).\ 10\,K + S + 1/8\,H = 100$$

mit K = Anzahl Kühe, S = Anzahl Schafe und H = Anzahl Hühner.

Aus (I) und (II) erhält man durch auflösen:

$$S = 100 - 79/7\,K$$

Da es keine halben Tiere zu kaufen gibt, müssen K, S und H ganzzahlig sein. Außerdem müssen S, H und K $\geq$ 1 und kleiner 100 sein, da laut Aufgabe alle Tierarten vertreten sein sollen. Da S ganzzahlig und $\geq$ 1 sein muss, muss auch 79/7 K ganzzahlig und außerdem kleiner 100 sein. Daraus folgt, dass K=7 sein muss. Durch Einsetzen erhält man die vollständige Lösung.

74. Der einsame Cowboy

Wer schon einmal eine Fernreise unternommen hat, kennt das Problem des Jet Lags. Durch die unterschiedlichen Zeitzonen gewinnt oder verliert man, je nach Reiserichtung, Zeit hinzu. In Europa gibt es noch eine andere Einrichtung, bei der Zeit gewonnen bzw. verloren geht: die

Umstellung zwischen Winter- und Sommerzeit. Angenommen Luke ist am Freitag um 23:59:59 Uhr in der Stadt angekommen.

Da er 5 x 24 Stunden = 120 Stunden bleibt, kann er maximal bis Mittwoch um 23:59:59 Uhr in der Stadt bleiben. Stellen Sie sich diese Frage: Wie verliert Luke die Zeit zwischen Mittwoch 23:59:59 Uhr und Freitag 00:00:00 Uhr, also 24 Stunden und eine Sekunde?

Der Ort wird genau durch die Datumsgrenze geteilt. Die Stadt hat, obwohl es der gleiche Tag ist, zwei unterschiedliche Daten. So verliert Luke 24 Stunden bereits bevor er die Stadt verlässt. Da jedoch noch eine Sekunde zuviel ist, wird in den Tagen, an denen Luke in der Stadt ist, die Zeit von der Winter- auf die Sommerzeit umgestellt, wodurch Luke eine weitere Stunde verliert.

75. Rohes Ei

Bei dieser Aufgabe geht es darum, kreative Lösungen zu finden. Man könnte einen Kokon um das Ei legen, eine Matte auf den Boden legen, mit der der Sturz aufgefangen wird, ein Wasserbecken aufstellen oder man könnte das Ei auch mit einem Fallschirm ausstatten.

76. Der Bergsteiger

Der Bergsteiger ist um 10:01:27 Uhr beim Auf- und beim Abstieg an derselben Stelle, und zwar genau bei 337,3 Höhenmetern. Es gibt verschiedene Möglichkeiten, auf dieses Ergebnis zu kommen: Zeichnet man den Auf- und Abstieg in ein Koordinatensystem mit einer Stundeneinteilung auf der x-Achse und einer Höhenmetereinteilung auf der y-Achse ein, so kann man das ungefähre Ergebnis ablesen. Das exakte Ergebnis erhalten Sie, indem Sie eine „Aufstiegsfunktion" und eine „Abstiegsfunktion" definieren und diese Funktionen gleichsetzen.

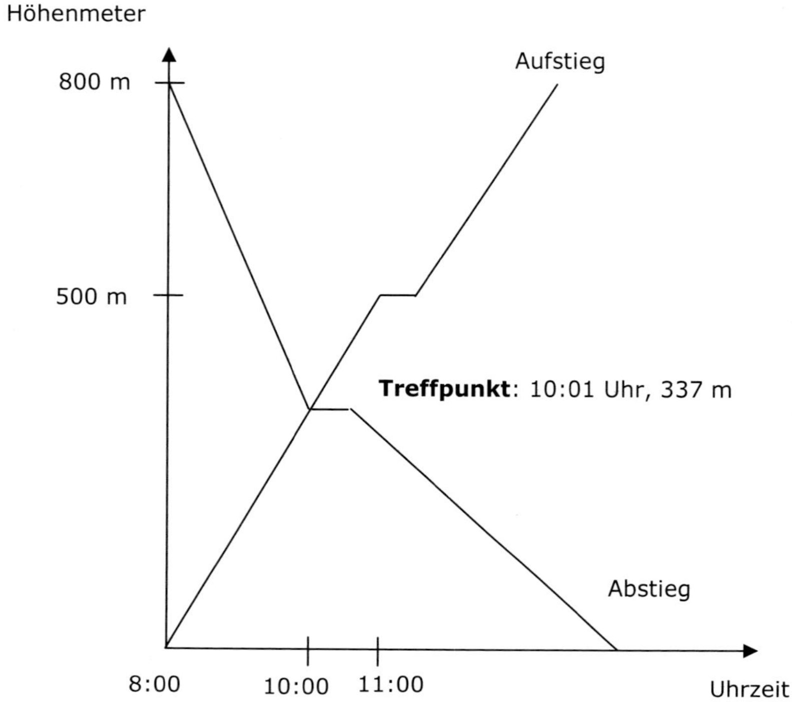

Sind Sie so vorgegangen? Dann sind Sie bestimmt ein kluger Kopf, doch Sie haben sich die ganze Mühe umsonst gemacht. Dieser Brainteaser bietet ein klassisches Beispiel dafür, wie Sie durch eine Fülle – im Grunde überflüssiger – Informationen vom wesentlichen Problem abgelenkt werden sollen. Stellen Sie sich statt des einen Wanderers doch einfach zwei Wanderer vor, die am gleichen Tag unterwegs sind. Einer der beiden bricht morgens um 8:00 Uhr am Fuß des Berges auf, der andere beginnt zur gleichen Zeit mit dem Abstieg. Wenn Sie den gleichen Weg nehmen, dann müssen sich die beiden unterwegs irgendwo treffen, ganz egal wie viele Höhenmeter sie zurücklegen, wie lange sie unterwegs sind und wo sie ihre Pausen machen. Das Gleiche gilt natürlich auch, wenn ein einzelner Wanderer den Weg an zwei verschiedenen Tagen geht.

77. Wie viele „Dreien"?

Da die Menge der natürlichen Zahlen unendlich ist, ist auch die Menge der Zahlen, die mindestens eine Drei beinhalten, unendlich groß. Daher beträgt der Anteil der natürlichen Zahlen, die mindestens eine Drei enthalten, nahezu 100%.

78. Spaziergang

Der Mann wohnt am Nordpol.

79. Die Bärenjagd

Weiß. Der Jäger wohnt am Nordpol und hat einen Eisbären erlegt.

Diesen Brainteaser gibt es auch in einer abgewandelten Form. Dann wird danach gefragt, an welchem Ort es möglich ist, fünf Kilometer nach Süden, dann fünf Kilometer nach Westen und schließlich fünf Kilometer nach Norden zu gehen, um wieder am Ausgangspunkt anzukommen. Auch hier fällt einem zunächst der Nordpol ein. Es gibt jedoch noch andere Orte, an denen das möglich ist: Nahe des Südpols gibt es einen Breitengrad, auf dem man auf genau fünf Kilometern den Südpol einmal umkreisen kann. Jeder Ausgangspunkt, der fünf Kilometer nördlich dieses Breitengrades ist, kommt also ebenfalls als Startpunkt in Frage. Genau genommen gibt es sogar noch weitere Breitengrade, die die Bedingung der Aufgabe erfüllen. Nämlich solche, auf denen der Südpol auf fünf Kilometern zweimal, dreimal, etc. umrundet werden kann.

So wie der Brainteaser in unserer Frage gestellt war, weiß man jedoch, dass nur der Nordpol als Startpunkt des Jägers in Frage kommt. Am Südpol gibt es nämlich keine Eisbären.

80. Glasbehälter

Sie nehmen den Glasbehälter und kippen ihn, so dass er auf einer Kante steht. Wenn es Ihnen nun gelingt, den Behälter so auszurichten, dass der Wasserspiegel genau auf Höhe der beiden parallel zum Tisch verlaufenden Kanten verläuft, ist der Behälter genau zur Hälfte gefüllt. (Der Winkel zwischen den nun schräg verlaufenden Flächen des Würfels und des Tisches beträgt dann jeweils 45°.) Wenn der Wasserspiegel bei dieser Ausrichtung unterhalb der beiden Kanten verläuft, ist das Glas weniger als halb voll. Liegt er darüber, dann tropft es und der Behälter ist mehr als zur Hälfte gefüllt.

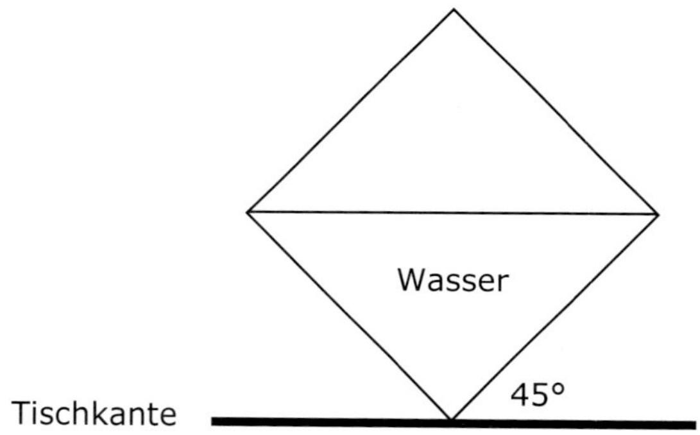

81. Uhrzeiger

Der Winkel beträgt 7,5°. Um 15:15 Uhr steht der große Zeiger genau auf der Drei, der kleine Zeiger jedoch nicht. Während einer Viertelstunde hat sich der kleine Zeiger genau um ein Viertel zwischen der Drei und der Vier auf dem Zifferblatt weiterbewegt. Herauszufinden ist nun also, wie viel Grad ein Viertel zwischen zwei Ziffern einer Uhr hat. Die ganze Uhr hat 360°. Bei zwölf Ziffern liegen zwischen zwei Ziffern genau 30°. Diese 30° müssen wir nur noch durch vier teilen, damit wir die Lösung erhalten.

82. Marsmännchen

Das erste Männchen stellt sich auf. Das zweite Männchen stellt sich daneben. Jetzt kommt das dritte Männchen hinzu. Das stellt sich in die Mitte der beiden, wenn diese unterschiedliche Farben haben. Wenn die beiden die gleiche Farbe haben, stellt es sich seitlich daneben. Das geht immer so weiter, bis alle Marsmännchen nach Farben sortiert aufgestellt sind. Solange die Reihe nur eine Farbe hat, stellt sich ein neues Männchen einfach seitlich daneben. Sobald beide Farben im Spiel sind, stellt sich ein neu hinzu kommendes Männchen genau zwischen die roten und die grünen Marsmännchen.

83. Uhrzeit

Es ist 21:00 Uhr.

84. Vogelflug

Auf den ersten Blick scheint es, dass die Lösung dieses Brainteasers tiefer gehende mathematische Überlegungen erfordert und dass eine Antwort wahrscheinlich nur unter Zuhilfenahme eines Taschenrechners herauszufinden ist. Sie sollten aber immer bedenken, dass Brainteaser normalerweise nicht dazu da sind, Ihre Mathematikkenntnisse zu testen. Wenn eine Aufgabe also so schwierig zu lösen scheint, dann können Sie davon ausgehen, dass es einen „Trick“ gibt und Sie „out-of-the-box“ denken müssen. So ist es auch in diesem Fall. Die Züge treffen sich nach einer halben Stunde. Wenn der Vogel mit einer Geschwindigkeit von 300 km/h unterwegs ist, dann ist er nach einer halben Stunde genau 150 Kilometer weit geflogen.

85. Wasserspiegel

War ihre intuitive Antwort auf diese Frage auch, dass sich der Wasserspiegel nicht verändert? Diese Antwort ist leider falsch. Tatsächlich steigt der Wasserspiegel. Warum? Die entscheidenden Größen sind hier Dichte und Volumen. Der Anker hat zwar nicht so ein großes Volumen, da er aber mit Sicherheit aus Eisen oder einem anderen schweren Metall ist, hat er eine sehr hohe Dichte und ein recht hohes Gewicht. Das Boot ist wesentlich größer als der Anker, hat also ein großes Volumen, relativ zu seiner Größe jedoch ein nicht so hohes Gewicht. Wird der Anker nun aus dem Wasser geholt und in das Boot gesetzt, so taucht der schwere Anker das Boot weiter ins Wasser ein. Durch die Größe des Bootes wird nun also mehr Wasser verdrängt als das Volumen des Ankers ausgemacht hat. Folglich steigt der Wasserspiegel.

86. Im Schneckentempo

Nein, die Antwort ist nicht fünf. Die Schnecke ist am Ende des dritten Tages oben angekommen. Dann ist sie am Ziel und rutscht nicht wieder hinunter.

87. Kanaldeckel

Diese Frage ist ein absoluter Klassiker im Bewerbungsgespräch. Mögliche Antworten sind z. B: Damit man die Kanaldeckel rollen und somit besser transportieren kann, damit sie auf die runden Kanalröhren passen, runde Deckel können im Gegensatz zu rechteckigen nicht ins Kanalloch fallen, der Materialverbrauch ist geringer als bei rechteckigen Deckeln.

88. In Vino Veritas

Der Anteil ist immer gleich. Wenn am Ende in jedem Glas dieselbe Menge Flüssigkeit ist, dann gilt dies völlig unabhängig davon, wie viele Male man den Löffel hin- und herschiebt oder wie gut man schüttelt. Wenn in einem Glas 90 Prozent Weißwein und 10 Prozent Rotwein sind, dann sind im anderen Glas selbstverständlich 10 Prozent Rotwein und 90 Prozent Weißwein.

89. Hundert Schränke

Die Antwort ist 10.

90. Adam und Eva

Adam und Eva sind die einzigen, die keinen Bauchnabel haben.

91. Eieruhr

Die Frage soll Sie in die Irre führen, weil sie suggeriert, dass es nicht möglich ist, ein Neun-Minuten-Ei zu bekommen. Gehen Sie das Problem mit der „Trial-and-Error"-Methode an. Ein Neun-Minuten-Ei erhalten Sie zum Beispiel so: Starten Sie beide Uhren und geben Sie gleichzeitig das Ei ins Wasser. Starten Sie beide Uhren erneut, direkt nachdem sie abgelaufen sind. Nach insgesamt acht Minuten ist die Vier-Minuten-Uhr zum zweiten Mal durchgelaufen. Drehen Sie jetzt die Sieben-Minuten-Uhr, auf der gerade eine Minute abgelaufen ist, wieder um, und lassen Sie sie zurücklaufen. Fertig ist das Neun-Minuten-Ei. (Es gibt hier auch noch andere richtige Lösungen.)

92. Blatt falten

Haben Sie auch 2^{30} herausbekommen? Das ist ein guter Ansatz, denn mit jedem Falten verdoppelt sich die Dicke des Blattes. Allerdings ist das nur die halbe Wahrheit. Es würde nämlich bedeuten, dass das gefaltete Blatt gut einen Meter hoch ist. Haben Sie schon mal versucht, ein Blatt

30 Mal zu falten? Probieren Sie es einmal aus und Sie werden sehen, mehr als sieben oder acht Mal Falten ist unmöglich. Selbst wenn das Blatt sehr groß wäre, ist es aufgrund der Materialbeschaffenheit schlichtweg nicht möglich, ein Blatt so oft zu falten.

93. Der Managerurlaub

Markus Bär ist Headhunter aus Berlin und bleibt fünf Tage. Simon Gans ist Bankier aus München und bleibt acht Tage. Arthur Kater ist Fabrikant aus Dresden und bleibt sieben Tage. Jens Löwe ist Ingenieur aus Hamburg und bleibt vier Tage. Tom Ziege ist Verleger aus Frankfurt und bleibt sechs Tage.

94. Fahrräder

In China leben über eine Milliarde Menschen und auch wenn sich immer mehr Chinesen ein Auto leisten können, sind Fahrräder weiterhin beliebte Transportmittel. Man könnte berücksichtigen, dass einige Bevölkerungsgruppen keine Fahrräder besitzen. Sicherlich wird jemand, der nicht Fahrrad fahren kann, auch keines besitzen. Dazu gehören Kleinkinder, kranke oder behinderte Menschen. Reiche Chinesen werden es bevorzugen, mit dem Auto zu fahren, und auf den Kauf eines Fahrrads verzichten. Für den Rest der Bevölkerung kann angenommen werden, dass jeder Chinese genau ein Fahrrad besitzt.

95. Die Girlgroup

Zuerst überqueren Cindy und Lea zusammen die Brücke und Lea geht mit dem Feuerzeug alleine wieder zurück. Dann gehen Anna und Sophie gemeinsam über die Brücke und Cindy läuft mit dem Feuerzeug zurück. Anschließend überqueren Cindy und Lea wieder die Brücke. So kommen alle vier Bandmitglieder in genau 17 Minuten über die Brücke.

96. Schnelles Altern

Heute ist der 1. Januar und Anna hat am 31. Dezember Geburtstag: Vorgestern war der 30.12. und Anna war 17 Jahre alt. Gestern war der 31.12 und Anna hatte ihren 18. Geburtstag. Am 31.12 dieses Jahres wird Anna 19 werden und am 31.12. nächsten Jahres wird sie ihren 20. Geburtstag feiern.

97. Die Schleuse

Das ist eine klassische Fangfrage. Zum Betrieb der Schleuse braucht man überhaupt keine Pumpen. Das Wasser strömt von alleine in den Raum.

98. Rechenfehler

Die Division durch (x-1) ist hier nicht zulässig. Da x=1 ist (x-1)=0; die Division durch Null ist mathematisch aber nicht definiert.

99. Die Wüstenforscher

X

Auch wenn die Frage offen formuliert ist, sollten Sie – wie immer – davon ausgehen, dass es eine Lösung gibt und die drei Forscher tatsächlich überleben können. Der „Trick" zur Lösung des Problems ist, dass es nur ein Forscher bis ins Dorf schaffen muss, um Hilfe zu holen. Die anderen beiden dienen ihm für einen Teil des Weges als „Wasserträger" und kehren dann wieder zum Lager zurück. Die Lösung sieht so aus: Alle drei ziehen zusammen mit ihren Vorräten los, jeweils mit Wasser und Nahrung für vier Tage ausgerüstet. Nach dem ersten Tag gibt einer der Forscher den beiden anderen zwei Portionen ab. Er selbst kehrt mit seiner letzten Portion am zweiten Tag wieder zum Lager zurück. Die beiden anderen Forscher haben jetzt immer noch jeder vier Portionen.

Am Ende des zweiten Tages gibt einer der beiden dem anderen eine Portion ab und behält selbst zwei Portionen, damit er sicher zum Lager zurückkehren kann. Der letzte verbliebene Forscher hat nun immer noch vier Portionen Nahrung und Wasser. Das reicht genau für die vier Tage, die er noch braucht, um das Dorf zu erreichen und Hilfe zu holen.

100. Wie alt ist Agnes?

Agnes ist 18 Jahre alt. Als Agnes zwölf war, war Maria 18. Sie müssen hier beachten, dass der Altersabstand zwischen den beiden immer gleich sein muss. Vielleicht sticht Ihnen die Lösung dann direkt ins Auge; wenn nicht, dann probieren Sie ein bisschen herum, oder stellen Sie eine Gleichung auf, das geht auch.

101. Die schöne Prinzessin

Überlegen Sie zuerst, welche möglichen Situationen eintreten können: ein blauer Punkt und zwei gelbe Punkte, zwei blaue Punkte und ein gelber Punkt oder drei blaue Punkte. Entscheidend ist die Aussage, dass die Augenbinden nacheinander abgenommen werden. Verehrer Nr. 1 wird die Augenbinde abgenommen, jedoch weiß er nicht, welche Farbe sein Punkt hat, und schweigt. Dieser Fall tritt ein, wenn die anderen entweder einen gelben und einen blauen oder beide einen blauen Punkt auf der Stirn haben. (Für den Fall, dass die zwei anderen jeweils einen gelben Punkt haben, wüsste Verehrer Nr. 1 sofort, dass er den blauen Punkt trägt.)

Da Verehrer Nr. 1 schweigt, weiß Verehrer Nr. 2 bereits bevor ihm die Augenbinde abgenommen wird, dass entweder Roland oder er einen blauen Punkt auf der Stirn haben. Der König nimmt dem Verehrer Nr. 2 die Augenbinde ab, aber auch dieser schweigt, da er die Antwort nicht geben kann. Hätte Roland einen gelben Punkt, wüsste Verehrer Nr. 2

sofort, dass er den blauen Punkt hat und würde die Antwort nennen. Da dies nicht der Fall ist, wird schließlich Roland die Augenbinde abgenommen. Es bleibt lediglich eine Möglichkeit übrig: Prinz Roland hat ebenfalls einen blauen Punkt auf der Stirn.

102. Zahlenspiel

8/(3-8/3)=24

103. Euros im Stadion

Sie könnten in etwa folgende Annahmen treffen: Das Berliner Olympiastadion fasst ca. 75.000 Zuschauer und war beim Endspiel natürlich ausverkauft. Ein normaler Zuschauer hat durchschnittlich vielleicht drei Ein-Euro-Münzen im Geldbeutel. Sie können hier zusätzlich auch noch zwischen Männern, Frauen und Kindern unterscheiden. Plausibel wäre zum Beispiel die Annahme, dass Männer in der Regel mehr Kleingeld mit sich herumtragen als Frauen. Berücksichtigen Sie auch die hohe Anzahl an Ehrengästen und Medienvertretern, die vielleicht gar kein Bargeld bei sich haben. Außerdem sind viele ausländische Gäste im Stadion, die nicht aus der Euro-Zone kommen und daher vielleicht überhaupt keine Euros bei sich haben. Solange Sie die Annahmen plausibel begründen können, sind Ihrem Einfallsreichtum hier wenig Grenzen gesetzt. Machen Sie es sich nur nicht zu leicht und sagen einfach: Es waren 75.000 Zuschauer da, von denen hatte jeder im Durchschnitt drei Ein-Euro-Münzen bei sich. Außerdem müssen Sie auch die Verkaufsstände im Stadion berücksichtigen. In den Kassen befindet sich eine große Menge Wechselgeld. Vergessen Sie auch nicht die vielen Menschen, die im Stadion arbeiten und ebenfalls Kleingeld bei sich tragen.

104. Fachsimpelei

Der Professor hat zweijährige Zwillinge und einen neunjährigen Sohn. Lösungshinweis: Überlegen Sie zuerst, welche Kombinationen bei drei Kindern möglich sind, damit sich in der Summe 13 ergibt. Wenn man aus all diesen Kombinationen jeweils das Produkt ausrechnet, erkennt man, dass nur bei zwei Kombinationen das gleiche Produkt herauskommt: Nämlich 36 bei (2,2,9) und (1,6,6). Da die Hausnummer bekannt ist, gäbe es bei allen anderen Kombinationen eine eindeutige Lösung. Durch die Zusatzinformation, dass es ein ältestes Kind gibt, kann der Professor das Rätsel seines Kollegen lösen.

105. Königliche Hochzeit

Siegmund wurde nicht hingerichtet, obwohl auf beiden Karten „Hinrichtung" stand. Möglich ist dies nur, wenn Siegmund die von ihm gewählte Karte nicht aufdeckt. Stattdessen lässt er sich die andere Karte zeigen, auf der mit Sicherheit „Hinrichtung" steht. Der König hatte im Vorfeld gesagt, dass eine Karte mit „Hochzeit" und eine mit „Hinrichtung" beschriftet ist. Da die Karte, die Siegmund nicht gezogen hat, die Hinrichtungs-Karte ist, müsste nach Aussage des Königs die andere Karte die Hochzeits-Karte sein. Siegmund löst das Dilemma auf einfache Weise: Er zerreißt die eigene Karte mit den Worten, dass auf dieser dann wohl „Hochzeit" stehe.

106. Blonde Schönheit

Die junge Dame ist 25.

107. Wässrige Gurke

Nein, die Lösung ist nicht 1.188 Gramm. Die Gurke wiegt 1200 Gramm, ihr Festgehalt beträgt 1 Prozent, also zwölf Gramm. Wenn der Wassergehalt der Gurke sinkt, dann steigt zwar der Festgehalt in Prozent, absolut betrachtet beträgt der Festgehalt der Gurke jedoch immer noch zwölf Gramm. Wenn der Wassergehalt auf 98 Prozent sinkt, dann bedeutet das, dass diese zwölf Gramm Festgehalt jetzt 2 Prozent des Gewichts der betrachteten Gurke ausmachen. Die gesamte Gurke wiegt also nur noch 600 Gramm, wenn der Wassergehalt von 99 auf 98 Prozent absinkt.

108. Das Würfelspiel

Die Wahrscheinlichkeit ist null. Es gibt einen kleinen Würfel, der aus dem Inneren des großen Würfels entstanden ist und daher überhaupt keine blau bemalte Seite hat.

109. Vergifteter Wein

Zuerst trinkt jeder Gefangene aus einer Flasche, dann trinken die Gefangenen immer paarweise aus den nächsten Flaschen. Im nächsten Schritt trinken immer drei Gefangene aus einer Flasche, etc. Man muss nur genau festhalten, wer aus welchen Flaschen getrunken hat, und am Ende des Monats schauen, welche Gefangenen gestorben sind. Ist zum Beispiel nur der erste Gefangene gestorben, so war eben genau die Flasche vergiftet, aus der nur er getrunken hat. Ist dagegen beispielsweise der erste Gefangene der einzige Überlebende, so war genau die Flasche vergiftet, aus der die anderen neun Gefangenen gemeinsam getrunken haben.

Insgesamt gibt es so $2^{10} = 1024$ mögliche Kombinationen, falls also irgendwo noch 24 Flaschen auftauchen, könnten diese ebenfalls getestet werden. Warum genau 2^{10}? Weil es für jeden Gefangenen nach einem Monat genau zwei mögliche „Ausprägungen" gibt: entweder er ist tot oder lebendig. Da es zehn Gefangene gibt, von denen jeder tot oder lebendig sein kann, gibt es insgesamt also genau 2^{10} mögliche Kombinationen. (Dagegen wären es zum Beispiel bei fünf Gefangenen nur 2^5 Kombinationen).

110. An der Bushaltestelle

Ganz einfach: Sie steigen aus, geben die Autoschlüssel Ihrem alten Freund Daniel und bitten Ihn, die ältere Dame ins Krankenhaus zu fahren. Sie selbst warten zusammen mit Ihrer attraktiven Nachbarin auf den Bus. Sicher fällt es Ihnen nach der ganzen Aufruhr nicht schwer, ein Gespräch mit ihr anzufangen. Das ist die beste Lösung für alle. Bei diesem Brainteaser geht es offensichtlich auch um moralische Fragen. Spontan erscheint es natürlich nahe liegend, da moralisch verpflichtend, dass Sie sofort die ältere Dame ins Krankenhaus fahren. Aber optimal ist diese Lösung für Sie nicht. Denn wer weiß, ob Sie bald noch einmal so eine gute Gelegenheit haben werden, um mit der attraktiven Frau aus der Nachbarschaft ins Gespräch zu kommen. Und da Ihnen Ihr alter Studienfreund ohnehin noch einiges schuldig ist, kann er Ihnen ruhig auch einmal einen Gefallen tun...

111. Das Münzenspiel

Ja, denn mit der richtigen Taktik ist es dem Beginner des Spiels möglich, immer als Sieger hervorzugehen. Hierzu müssen Sie die erste Münze exakt in der Mitte des Tisches platzieren und danach den jeweiligen Zug Ihres Gegenspielers exakt um 180° verdreht (also gegenüber) wiederholen. Somit ist sichergestellt, dass (inklusive der „zentralen" Münze) insgesamt eine ungerade Anzahl von Münzen auf dem Tisch Platz hat und Sie werden als Beginner somit immer den letzten Zug ausführen können und gewinnen.

112. Durchschnittsverdienst

Der erste Berater zählt eine zufällige Zahl zu seinem Gehalt (z. B. 10.000) hinzu und teilt die Gesamtsumme seinem Nachbarn mit. Der wiederum addiert sein Gehalt hinzu und sagt die neue Summe seinem Tischnachbarn weiter. Das ganze geht so weiter, bis der letzte die Gesamtsumme hat und er sie dem ersten mitteilen kann. Dieser zieht jetzt noch die Zufallszahl ab, die er selbst ursprünglich hinzugerechnet hat und teilt die Gesamtsumme durch Neun. Das Ergebnis ist der Durchschnittsverdienst.

Es gibt noch andere Verfahren, wie dieses Problem gelöst werden kann. Vielleicht fallen Ihnen noch welche ein?

113. Der Bücherwurm

Es sind 802 Seiten. Wenn Sie es nicht glauben, dann überdenken Sie noch einmal, wie die Bücher im Regal genau angeordnet sind und wo der Wurm anfängt zu fressen.

114. Buchstabensalat

Die Lösung ist: ABCDE = 21978

115. Schokoriegel

Man nimmt einen Riegel aus der ersten Maschine, zwei Riegel aus der zweiten und drei Riegel aus der dritten Maschine und legt diese Riegel alle zusammen auf die Waage. Beträgt die Abweichung vom gesamten Sollgewicht zehn Gramm, ist die erste Maschine defekt, beträgt die Abweichung 20 Gramm, ist es Maschine Zwei und bei einer Abweichung von 30 Gramm Maschine Drei. (Man kann auch auf die Riegel aus einer

Maschine ganz verzichten. Gibt es dann beim Wiegen keine Abweichung, müssen die Riegel aus eben dieser Maschine zu schwer sein.)

116. Sicher ist sicher

Der Kaufmann schickt zuerst alle Schlösser und alle Schlüssel in der offenen Truhe an seinen Vetter. Nur einen einzigen Schlüssel behält er. Der Vetter schickt dann die Schlösser und Schlüssel in der Truhe, bis auf einen Schlüssel, verschlossen mit dem Schloss, dessen Schlüssel noch beim Kaufmann ist, zurück. Der Kaufmann verschickt daraufhin die Truhe mit dem Gegenstand und verschließt sie mit dem Schloss, dessen Schlüssel der Vetter behalten hat.

117. Der Schwimmer

Der Schwimmer ist langsamer, wenn die Gegenstromanlage in Betrieb ist. Mit der Weg-Zeit-Formel für konstante Geschwindigkeiten kann man leicht ausrechnen, dass der Schwimmer (bei konstantem Schwimm-tempo) normalerweise für zwei Bahnen ca. 96 Sekunden braucht, 48 Sekunden hin und 48 Sekunden zurück. Wenn die Gegenstromanlage in Betrieb ist, braucht er alleine für die eine Bahn, die er gegen den Strom schwimmt, 92 Sekunden, also fast so viel wie er sonst für zwei Bahnen braucht. Für eine Bahn mit dem Strom braucht er zwar nur noch ca. 32 Sekunden, insgesamt ist er aber mit 124 Sekunden für zwei Bahnen deutlich langsamer als zuvor.

118. Die Abtei

Wenn nur ein Mönch krank gewesen wäre, hätte er sofort gewusst, dass er der einzige ist, da er keinen anderen Kranken gesehen hätte. Er wäre daraufhin am ersten Tag gegangen. Wären zwei Mönche krank gewesen, wären diese am zweiten Tag gegangen. Denn: Beim ersten Abendessen sehen beide einen Kranken. Da es möglich ist, dass es nur einen Kranken gibt, verlässt am ersten Tag niemand die Abtei. Als sich die Mönche dann beim nächsten Abendmahl wieder sehen, wissen Sie, dass es zwei Kranke geben muss und sie selbst von der Krankheit betroffen sind. Sie verlassen daraufhin die Abtei am zweiten Abend.

Bei mehreren Kranken funktioniert es analog: Bei sieben Kranken sieht jeder Kranke sechs kranke Mönche. Er weiß aber nicht, ob es nur diese sechs Kranken gibt, oder ob er selbst auch betroffen ist. Als aber am Abend des sechsten Tages immer noch alle Mönche in der Abtei sind, weiß er, dass er nicht gesund ist, da sonst die kranken Mönche gegangen wären. Daraufhin verlassen am siebten Abend die sieben kranken Mönche die Abtei.

119. Der tüchtige Kaufmann

Am Anfang des ersten Jahres war er bereits Milliardär.

120. Fleißige Gärtner

20 Gärtner brauchen für 12.000 m² Grünfläche 40 Tage, wenn sie täglich zwölf Stunden arbeiten.

121. Ziffernblatt

Die Zeiger überkreuzen sich innerhalb von zwölf Stunden normalerweise elf Mal. Wenn die Zeiger zu Beginn des Zählvorganges jedoch genau übereinander liegen, also zum Beispiel genau um 0:00 Uhr, überkreuzen sich die Zeiger nur zehn Mal.

Die zehn beliebtesten Brainteaser

Einige Brainteaser sind in Bewerbungsgesprächen besonders beliebt. Damit Sie im Interview nicht überrascht werden: Hier die „Top Ten" der besonders häufig gestellten Brainteaser:

1. Neun Kugeln wiegen (Nr. 21)
2. Cowboys und Indianer (Nr. 23)
3. Wahrheit und Lüge (Nr. 25)
4. Wasser schöpfen (Nr. 33)
5. Brennende Seile (Nr. 45)
6. Die Glühbirne (Nr. 46)
7. Das verlorene Gold (Nr. 52)
8. Gewinn eines Kaufhauses (Nr. 62)
9. Kanaldeckel (Nr. 87)
10. Wässrige Gurke (Nr. 107)

Noch mehr Brainteaser

Wir hoffen, dass Sie nach der Lektüre dieses Buches nicht nur bestens auf Brainteaser in einem Bewerbungsgespräch vorbereitet sind, sondern auch Spaß daran gefunden haben, knifflige Denkaufgaben zu lösen. Wer Lust auf mehr bekommen hat, findet zahlreiche weitere Brainteaser auf → www.squeaker.net. Dort können Sie auch Brainteaser zur Diskussion stellen, die Ihnen selbst schon einmal begegnet sind und die Sie in diesem Buch vielleicht vermisst haben. Außerdem können Sie sich an Brainteasern versuchen, für die bislang noch keine befriedigende Lösung gefunden wurde.

Zum Anregen der Diskussion geben wir Ihnen noch ein paar Brainteaser mit auf den Weg:

- Kühlt eine Tasse Milch schneller ab, wenn die Milch vor oder nach dem Umrühren hinzugefügt wird?

- Wie teuer ist ein komplettes Panini-Heftchen? Welche Hebel gibt es für Panini, mehr Umsatz zu machen? Gegeben: Ein Heft besteht aus 600 Bildern, ein Bild kostet 10 Cent. Die Wahrscheinlichkeit für alle Bilder ist 1/600. Die letzten 50 Bilder kann man für 15 Cent pro Stück direkt kaufen.

- In einem Schwimmbad gibt es zwei Rohre für den Wasserzulauf. Wenn das Wasser nur durch Rohr 1 eingefüllt wird, dauert es sechs Stunden, bis das Schwimmbecken voll ist. Kommt nur Rohr 2 zum Einsatz, dauert es vier Stunden, bis das Becken voll ist. Wie lange dauert es, das Schwimmbecken mit Wasser zu füllen, wenn beide Zulaufrohre gleichzeitig geöffnet sind?

- Wird man eigentlich weniger nass, wenn man schneller 100 Meter durch den Regen geht?

- Ein Rennauto fährt die erste Runde mit einer Durchschnittsgeschwindigkeit von 60 km/h. Wie schnell muss es die zweite Runde fahren, um seine gesamte Durchschnittsgeschwindigkeit zu verdoppeln?

- Bevor ein schwerer Güterzug losfährt, fährt der Lokführer zuerst ein Stück rückwärts, bevor er dann vorwärts losfährt. Warum?

- 10.000 Bananen sollen auf einem Kamel 1.000 Kilometer von einer Plantage zum nächstgelegenen Hafen befördert werden. Das Kamel kann maximal 1.000 Bananen auf einmal tragen, und auf jedem Kilometer durch die Wüste „verbraucht" das Kamel selbst eine Banane. (Dabei spielt es keine Rolle, ob das Kamel beladen oder unbeladen, auf dem Hin- oder Rückweg unterwegs ist.) Wie viele Bananen kann das Kamel maximal zum Hafen bringen?

- Zeichnen Sie einen Punkt und einen Kreis ohne den Stift abzusetzen und natürlich ohne den Punkt mit dem Kreis zu verbinden!

- Es gibt ein Gewinnspiel: Es können Zahlen zwischen 0 und 100 tippen. Es gewinnt derjenige, dessen Zahl am nächsten an 2/3 des Mittelwertes aller getippten Zahlen liegt. Welche Zahl tippen Sie?

- Ein Ruderer befindet sich in einem kreisrunden See und möchte an Land. Doch ein aggressiver Hund am Ufer hat es auf den Ruderer abgesehen. Der Hund läuft viermal schneller als der Ruderer sich im Wasser fortbewegen kann, doch einmal an Land ist der Ruderer schneller. Wie kann der Ruderer den See verlassen, ohne vom Hund gebissen zu werden?

- Wie viele Zahlen haben Ziffern, die in ihrer Summe 10 ergeben (also zum Beispiel 55)? Die Zahlen dürfen keine Null enthalten und müssen ganze Zahlen sein.

- Walpurga hat gerade eine der gefürchteten Hexenprüfungen bei Professor Besel. Der Professor lässt sie in eine Hexenküche eintreten, in der zwölf Kessel, gefüllt mit verschiedenen Gebräuen, jeweils auf einem Feuer köcheln. Er hat sechs eiserne und sechs kupferne Kessel. „Hör gut zu, Walpurga" sagt der Professor, „in den eisernen Kesseln ist entweder ein Gebräu aus Drachenblut und Fledermausschweiß oder ein Gebräu aus Tollkirschensaft und Spinnenmilch. In den kupfernen Kesseln ist entweder ein Gebräu aus Fliegenpilz und Ameisensäure oder ein Gebräu aus Eidechsengalle und Lebertran. Von jedem Gebräu gibt es jeweils drei Kessel, allerdings sehen alle Gebräue genau gleich aus. Deine Aufgabe ist es nun herauszufinden was in welchem Kessel ist!" Walpurga ist ratlos und fragt den Professor: „Wie soll ich das denn schaffen?" Dieser antwortet darauf: „Folgendes soll Dir helfen. Wenn Du ein Gebräu mit Drachenblut und ein Gebräu mit Eidechsengalle mischst, dann gibt das eine blaue Rauchwolke. Wenn Du ein Gebräu mit Fledermausschweiß und ein Gebräu mit Lebertran zusammentust, dann gibt das eine rote Rauchwolke. Andere Mischungen bewirken keine Reaktion. So sollst Du die Gebräue durch Mischen von Proben testen. Du sollst aber nur das Minimum an Mischtests machen und darfst aus jedem Kessel maximal drei Proben herausnehmen!" Wie viele Mischungen und welche muss Walpurga machen, um zu einem Ergebnis zu kommen?

Das Karriere-Netzwerk squeaker.net

squeaker.net ist ein im Jahr 2000 gegründetes Online-Karriere-Netzwerk → www.squeaker.net, in dem sich Studenten und junge Berufstätige über Karrierethemen austauschen. Dabei stehen Insider-Informationen wie Erfahrungsberichte über Praktika und Bewerbungsgespräche im Vordergrund. Die Community verfügt über die umfassendste deutschsprachige Erfahrungsberichte-Datenbank über namhaften Unternehmen und zahlreiche Möglichkeiten, Kontakte zu anderen Mitgliedern und attraktiven Arbeitgebern zu knüpfen. Das Karriere-Portal → www.consulting-insider.com bietet darüber hinaus angehenden Beratern ausführliche Insider-Informationen und zahlreiche Portraits der führenden Unternehmensberatungen. Analog dazu wurde kürzlich eine zweite Branchen-Plattform → www.finance-insider.com aufgebaut, die sich gezielt an junge Investmentbanker und Finanz-Interessierte richtet.

Mit der Ratgeber-Reihe „Das Insider-Dossier" veröffentlicht squeaker.net darüber hinaus seit 2003 hochqualitative Bewerbungsliteratur für ambitionierte Nachwuchskräfte. Zu den behandelten Themenfeldern zählen bisher Consulting, Investmentbanking, Consumergoods, Brainteaser sowie Praktika in Asien. In Vorbereitung befinden sich zudem Bücher über die Automobilindustrie und die Wirtschaftsprüfung.

Presse-Stimmen zu den Insider-Dossiers

„Fazit: Ein kompakter und dennoch ausführlicher Ratgeber zur Vorbereitung auf die Bewerbung, der seine Bezeichnung „Insider-Dossier" zu recht trägt." **WISU-Magazin**

„Niemand sollte sich bei McKinsey & Co. bewerben, bevor er nicht dieses Buch gelesen hat." **Junge Karriere**

Bewerbung bei Investmentbanken

Eigens für angehende Investmentbanker haben die Experten von squeaker.net diesen Finance-Guide entwickelt. So werden zunächst die unterschiedlichen Karrierewege in dieser berüchtigten und harten Branche beschrieben. Eine Zusammenfassung der für das Interview relevanten Finanztheorie, Übungs-Cases, Personalerfragen und Banken-Profile bereiten anschließend optimal auf die Bewerbung bei den Top-Playern vor. Partner des Buches sind u. a. Deutsche Bank, Citygroup, Credit Suisse, Goldman Sachs, JPMorgan, Merrill Lynch und UBS Investmentbank.

ISBN 3-9809074-3-0
€ 24,90

Bewerbung bei Unternehmensberatungen

Die Bewerber-Bibel für den Beraternachwuchs bietet mit 26 Beispielcases, Brainteasern, Erfahrungsberichten und Unternehmensprofilen der Top-Consulter alle Infos, die man für die Bewerbung braucht. In der inzwischen vierten, überarbeiteten Auflage gibt es zahlreiche aktuellen Cases und Beiträgen von und über Unternehmen wie Accenture, Bain, Booz Allen, McKinsey, Mercer, Monitor, Roland Berger oder BCG.

ISBN 978-3-940345-00-4
€ 29,90

Bewerbung in der Konsumgüterindustrie

Dieses Buch bietet wichtige Insider-Infos zum Bewerbungsprozess in der Konsumgüterindustrie. Ausführlich wird erläutert, welche Einstiegsmöglichkeiten die begehrten Branchenführer bieten. Zahlreiche Insider-Tipps, typische Interview-Fragen und ein gründliches AC-Training lassen den Leser entspannt ins Assessment Center gehen.

ISBN 3-9809074-5-7
€ 19,90

Weitere Insider-Dossiers:
Automotive und Wirtschaftsprüfung (ab Mitte 2007)
E-Book-Reihe für Praktika in China, Indien und Singapur

Versandkostenfrei bestellen auf www.squeaker.net/insider

squeaker.net
ins dernetzwerk
für deine karriere